Start up

인스타그램으로
SNS
남시언 지음
크리에이터 되기

돈되는 인스타그램 3일 완성

아티오
ArtStudio

남시언

문화 콘텐츠 크리에이터. 티스토리 IT/미디어분야 파워블로거이며 중앙부처 및 관공서, 기업, 대학교 등에서 SNS 콘텐츠 제작 및 마케팅을 주제로한 강연가로도 활동하고 있다. 콘텐츠 기획 및 콘텐츠 마케팅 관련 일을 하며 저서로는 〈1인분 청춘〉, 〈인생을 바꾸는 기적의 블로그〉 등이 있다.

- 블로그 〈남시언닷컴〉 운영
- 유튜브 채널 〈남시언 콘텐츠랩〉 운영
- (전) 경상북도콘텐츠진흥원 디지털미디어 PM
- (현) 프리미엄 콘텐츠 제작소 히트메이커스 대표

저자와 소통할 수 있는 채널

- 블로그 : https://namsieon.com
- 페이스북 : https://fb.com/underclub
- 인스타그램 : https://instagram.com/sieon_nam
- 유튜브 : https://youtube.com/ebagoo

인스타그램으로 SNS 크리에이터 되기 – 돈되는 인스타그램 3일 완성

2020년 3월 5일 초판 인쇄
2020년 3월 10일 초판 발행

펴낸이	김정철
펴낸곳	아티오
지은이	남시언
기획.진행	김미영
표 지	김지영
편 집	김지영
전 화	031-983-4092
팩 스	031-983-4093
등 록	2013년 2월 22일
정 가	15,000원
주 소	서울시 강서구 공항대로 213(보타닉파크타워2, 마곡동) 1115호
홈페이지	http://www.atio.co.kr

* 아티오는 Art Studio의 줄임말로 혼을 깃들인 예술적인 감각으로 도서를 만들어 독자에게 최상의 지식을 전달해 드리고자 하는 마음을 담고 있습니다.

머릿말

나도 콘텐츠 크리에이터가 될 수 있을까?

요즘 초등학생들의 장래희망이 크리에이터라는 기사를 본적이 있습니다. 가수와 의사, 경찰, 프로게이머를 앞선 순위라고 하는데요. 유치원에서도 스마트폰을 활용해 유튜브 수업을 진행하는 게 트랜드라고 하니 정말 세상이 바뀌고 있다는 말이 떠오릅니다.

누구나 크리에이터가 될 수 있어요.

저는 콘텐츠 기획과 제작 관련된 강의를 주로 하며 1년에 100회 이상 무대에 오릅니다. 제 강의를 들으시는 분들은 고등학생부터 80세 어르신까지 다양한 연령층을 갖고 있으며 직업군도 각양각색이죠. 그들은 여러 부분에서 다르지만, 콘텐츠 제작에 관심이 많고 콘텐츠를 만들고 싶어 한다는 공통점이 있습니다.

콘텐츠 세계에서 나이는 전혀 중요하지 않으며 학벌과 어학점수는 아무도 신경쓰지 않습니다. 미적분을 모른다고 해서 인스타그램을 할 수 없는 건 아닙니다. 콘텐츠 세계에서는 사람들의 감성을 자극하고 이목을 집중시킬 카리스마와 시대의 변화를 빨리 포착하는 민첩함, 그리고 콘텐츠를 예쁘게 보이도록 만드는 약간의 기술이 필요할 뿐입니다. 크리에이터는 콘텐츠 제작자를 뜻합니다. 즉, 콘텐츠를 만들어내는 사람이 바로 콘텐츠 제작자이며 크리에이터라고 할 수 있습니다.

자신만의 이야기를 만드세요.

이 책은 SNS를 통해 콘텐츠 크리에이티브를 시작하려는 분들이 보다 편안하게 접근할 수 있도록 쉽게 썼습니다. 더불어 실제 현업에서 활동하는 콘텐츠 제작자들이 활용하는 여러 가지 노하우와 TIP들을 곁들였습니다. 기초적인 콘텐츠 제작 방법을 소개하면서 사용법이 쉽고 앞으로 발전 가능성이 높은 SNS인 인스타그램을 중점적으로 다룹니다. 누구나 재미있게 따라해보면서 콘텐츠 제작을 할 수 있도록 구성했습니다.

여러분들이 만든 훌륭한 콘텐츠는 다른 사람들에게 유용한 정보를 제공하고 새로운 아이디어의 원천이 되어줄 것입니다. 일상을 공유하고 여러분들의 이야기를 만들어보세요. 콘텐츠를 만드는 일은 무엇보다 아주 재미있으며 다양한 기회를 선사합니다. '나'라는 사람은 가장 좋은 콘텐츠 소재이자 콘텐츠 그 자체입니다.

문화 콘텐츠 크리에이터 남시언

이 책의 특징

STEP

총 STEP 9로 인스타그램을 이용하여 SNS 크리에이터가 알아야 할 기능을 짜임새 있게 설명하였습니다.

STEP ● 1

instagram

01 콘텐츠 크리에이터에 도전하기

1. 콘텐츠란 무엇일까?

콘텐츠라는 말을 들어보셨나요? 콘텐츠라는 용어는 많은 곳에서 사용되는 단어지만 과거에는 전문가들의 영역으로 간주된 흔한 단어가 아니었습니다. 스마트폰 시대, 1인 미디어 시대는 콘텐츠의 시대라고도 할 수 있는데요. 구체적으로 콘텐츠란 무엇일까요?

먼저 콘텐츠의 사전적 의미를 살펴보겠습니다.

구글사전   네이버 지식백과

는데요. 실제로 콘텐츠의 범주는 넓습니다. 여러분들이 읽고 계신 이 책도 콘텐츠로 구성되어 있으며 우리가 감상하는 음악과 미술 작품, 게임, 각종 프로그램들, 영화, 드라마, TV 쇼 등 내용을 가진 거의 모든 저작물이 콘텐츠입니다.

콘텐츠라는 단어에는 '창작'이라는 요소가 가미되어 있습니다. 즉, 콘텐츠 제작자(콘텐츠 크리에이터)가 자신의 실력과 경험을 바탕으로 창작해서 새로운 결과물을 만든 것이 바로 콘텐츠라고 할 수 있죠. 창작이 들어가지 않은 내용은 콘텐츠로 여기지 않습니다. 예를 들어 다른 사람의 글을 그대로 옮겨 적은 것은 콘텐츠가 아니죠. 그러나 다른 사람의 글을 참고하여 자신의 경험을 녹여낸 글을 썼다면 이건 여러분이 만들어낸 콘텐츠입니다.

TIP 콘텐츠? 컨텐츠?

콘텐츠를 소비하는 사람들뿐만 아니라 콘텐츠를 제작하는 제작자 역시 콘텐츠와 컨텐츠를 헷갈려 합니다. 과거에 콘텐츠와 컨텐츠를 두고 외래어 표기에 대한 논의가 있었는데 1999년에 '콘텐츠'로 표기하도록 정해졌습니다. 따라서 올바른 표기법은 '콘텐츠'이며 '컨텐츠'는 잘못된 표기입니다.

콘텐츠 = 가치 있는 정보 또는 경험

TIP

TIP을 통해서 어려운 용어 및 꼭 알아야 하는 개념 등을 설명하였습니다.

라인카메라 앱 첫 화면 둘러보기

❶ 카메라 : 라인카메라 앱으로 사진을 촬영할 때 사용합니다.
❷ 앨범(갤러리) : 찍어둔 사진을 가지고 와서 라인카메라에서 사진을 편집할 때 사용합니다.
❸ 콜라주 : 여러 장의 사진을 한 장으로 만드는 기능입니다.
❹ 그리기 기능: 이름 그대로 손가락을 이용해 그림을 그릴 때 사용합니다.

여기서 잠깐!

맨 처음 라인카메라 앱을 설치하면 '앨범에 접근 허용'에 대한 메시지가 나옵니다.
이 메시지가 나오면 허용(또는 확인)을 선택해주어야 사진을 편집할 수 있습니다.

여기서 잠깐!

교재 설명 과정 중에 놓치기 쉽거나, 누구나 알거라 생각하지만, 알지 못하는 부분을 한번 더 짚어주었습니다.

 **독자 Q&A** Q 꼭 인스타그램 레이아웃을 사용해야 하나요?

A. 꼭 인스타그램 레이아웃을 사용해야 하는 것은 아닙니다. 여러 장의 사진을 한 장으로 만드는 콜라주 기능이 되는 또다른 앱이 있다면 똑같은 기능을 이용할 수 있습니다. 인스타그램 레이아웃 앱은 콜라주 기능이 강력하고 간단하면서 속도가 빠르며 인스타그램에 연동하여 업로드하기 쉽다는 장점이 있습니다.

인스타그램 레이아웃 앱 설치하기

인스타그램 레이아웃 기능은 인스타그램 자체에 포함되어 있지 않고 별도의 앱으로 나와 있어서 앱을 설치해야 합니다.

독자 Q&A

저자가 가지고 있는 노하우를 독자의 질문을 통해서 설명하였습니다.

Polarr 계정 만들기

Polarr 계정을 만들면 자신만의 필터를 만들어 저장해두고 편하게 사용할 수 있으며, 인터넷에 공개되어 있는 전세계 사용자들이 만든 필터를 자신의 사진에 적용할 수도 있습니다. 자신만의 필터를 만들거나 다른 사람의 필터를 가져오려면 Polarr 계정이 있어야하며 누구나 무료로 가입할 수 있습니다.

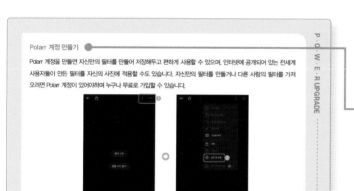

POWER UPGRADE

하나 더 알아두면 좋은 기능 및 고급 기능을 담았습니다.

Polarr 앱을 실행한 후 우측 상단에 있는 메뉴 버튼을 클릭한 다음 설정 및 계정으로 들어갑니다.

상단 계정 탭에서 'Polarr 계정 만들기'를 클릭한 다음 이메일과 암호를 입력하고 아래쪽에 파란색 버튼으로 된 [Polarr 계정 만들기]를 클릭하면 회원가입이 완료됩니다.

차 례

Step 9 ： 함께 활용하면 좋은 추천 애플리케이션

01 : 콘텐츠 크리에이터에 도전하기

1. 콘텐츠란 무엇일까?

콘텐츠라는 말을 들어보셨나요? 콘텐츠라는 용어는 많은 곳에서 사용되는 단어지만 과거에는 전문가들의 영역으로 간주된 흔한 단어가 아니었습니다. 스마트폰 시대, 1인 미디어 시대는 콘텐츠의 시대라고도 할 수 있는데요. 구체적으로 콘텐츠란 무엇일까요?

먼저 콘텐츠의 사전적 의미를 살펴보겠습니다.

구글사전

콘텐츠(contents) : (명사:컴퓨터) 인터넷 등의 통신망을 통해 제공되는 각종의 디지털 정보. 곧, 디지털로 가공된 각종 정보 내용물이나 프로그램, 영화 · 음악 · 게임 소프트웨어 등을 가르킨다.

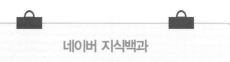

네이버 지식백과

콘텐츠(contents) : (인터넷이나 컴퓨터 통신 등을 통하여 제공되는 각종 정보나 그 내용물) 유무선 전기 통신망에서 사용하기 위하여 문자 · 부호 · 음성 · 음향 · 이미지 · 영상 등을 디지털 방식으로 제작해 처리 · 유통하는 각종 정보 또는 그 내용물을 통틀어 이르는 개념이다. 콘텐츠는 본래 문서 · 연설 등의 내용이나 목차 · 요지를 뜻하는 말이었다. 그러다 정보통신 기술이 빠르게 발달하면서 각종 유무선 통신망을 통해 제공되는 디지털 정보나 그러한 내용물을 총칭하는 용어로 널리 쓰이게 되었다.

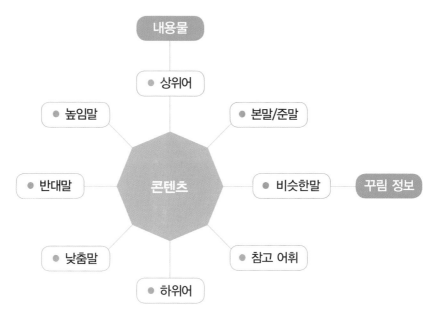

▲ 출처 : 국립국어원 우리말샘

일반적인 의미에서 '콘텐츠'란 내용물을 뜻합니다. 콘텐츠 업계에서는 콘텐츠라는 단어가 다양한 의미로 사용되는데요. 실제로 콘텐츠의 범주는 넓습니다. 여러분들이 읽고 계신 이 책도 콘텐츠로 구성되어 있으며 우리가 감상하는 음악과 미술 작품, 게임, 각종 프로그램들, 영화, 드라마, TV 쇼 등 내용을 가진 거의 모든 저작물이 콘텐츠입니다.

콘텐츠라는 단어에는 '창작'이라는 요소가 가미되어 있습니다. 즉, 콘텐츠 제작자(콘텐츠 크리에이터)가 자신의 실력과 경험을 바탕으로 창작해서 새로운 결과물을 만든 것이 바로 콘텐츠라고 할 수 있죠. 창작이 들어가지 않은 내용은 콘텐츠로 여기지 않습니다. 예를 들어 다른 사람의 글을 그대로 옮겨 적은 것은 콘텐츠가 아니죠. 그러나 다른 사람의 글을 참고하여 자신의 경험을 녹여낸 글을 썼다면 이건 여러분이 만들어낸 콘텐츠입니다.

> **TIP** | **콘텐츠? 컨텐츠?**
>
> 콘텐츠를 소비하는 사람들뿐만 아니라 콘텐츠를 제작하는 제작자 역시 콘텐츠와 컨텐츠를 헷갈려 합니다. 과거에 콘텐츠와 컨텐츠를 두고 외래어 표기에 대한 논의가 있었는데 1999년에 '콘텐츠'로 표기하도록 정해졌습니다. 따라서 올바른 표기법은 '콘텐츠'이며 '컨텐츠'는 잘못된 표기입니다.
> **콘텐츠 = 가치 있는 정보 또는 경험**

저는 예전에 경상북도콘텐츠진흥원이라는 곳에서 근무를 했습니다. 극장판 3D 애니메이션 제작을 비롯해 문화콘텐츠 웹툰 제작, 기관소식지 제작과 배포, 기관 SNS 콘텐츠 제작과 운영 등 다양한 콘텐츠 제작 프로젝트를 운영했었죠. 이렇게 제작된 콘텐츠들은 누군가에게 즐거움을 주거나 유익한 정보를 제공하는 것이 목적입니다.

콘텐츠 자체에 기본적으로 창작 요소가 들어가 있는 까닭에 100% 똑같은 콘텐츠는 복제하는 방식이 아니라면 있을 수 없습니다. 따라서 모든 콘텐츠는 그 콘텐츠만의 가치와 정보를 지닙니다. 이때의 가치는 콘텐츠를 보는 사람, 즉 콘텐츠 소비자들이 판단합니다. 그렇다면 내 콘텐츠가 가치가 있는지 없는지는 어떻게 판단할 수 있을까요? 여러분들이 창작한 모든 콘텐츠가 누군가에게 도움이 된다고 믿어보세요. 아주 사소한 경험과 누구나 알법한 정보라 할지라도 그 정보를 원하는 사람이 있습니다.

셀프주유소에서 셀프주유하는 방법

댓글 2   공감 16   작성일 2014.06.16

유입 키워드

셀프주유방법 55   다음 1   네이버 54   기타 0

셀프주유방법 55   주유하는 방법 24   셀프주유소 방법 5   셀프 주유하는 방법 4   셀프주유 방법 4   안동 이마트 주유소 2

이마트 주유소 셀프주유 2   주유소 주유방법 2   주유소주유방법 2   #셀프주유방법 1   ok캐쉬백 셀프주유 1

ok캐쉬백 카드 없을때 주유소에서 적... 1   갑동 셀프주유 아닌곳 1   셀프 주유 현금결제 1   셀프 주유방법 1   셀프 주유소 1

셀프 주유소 방법 1   셀프 주유소 포인트 적립 1   셀프주요방법 1   셀프주유 만땅 1

저는 2014년에 셀프 주유소를 이용한 후 셀프로 주유하는 방법에 대해 블로그에 글을 썼던 적이 있습니다. 운전자 중에 셀프 주유소 이용 방법을 몰라서 항상 일반 주유소에 가는 사람이 있을까요? 그러나 실제로 블로그 통계로 확인해본 결과, 셀프 주유 방법을 궁금해 하는 사람이 대단히 많았습니다.

이와 같이 훌륭한 콘텐츠는 사소한 부분에서부터 출발하는 경우가 많습니다. 여러분들의 경험을 공유하세요! 여러분들이 만든 콘텐츠는 많은 사람들에게 위로와 유익한 정보를 전달하고 그들에게 도움이 될 것입니다. 무엇보다 콘텐츠를 만드는 일은 아주 재미있습니다.

2. 세상에서 가장 쉽게 콘텐츠를 만드는 방법

오늘날에는 누구나 콘텐츠 크리에이터가 될 수 있습니다. 기술의 발전으로 스마트폰만으로도 사진 촬영과 편집이 가능하고 공개된 곳에 글을 쓰며 SNS 활동을 통해 많은 사람들에게 자신의 일상을 공유할 수 있는 시대니까요. 우리는 이러한 기술과 문화적 트렌드를 활용할 수 있습니다. 하지만 콘텐츠 크리에이터는 아무나 될 수는 없습니다.

아무것도 없는 백지 상태에서는 그 누구도 훌륭한 콘텐츠를 만들 수 없습니다. 여러분들이 만들 혹은 만든 콘텐츠는 다른 콘텐츠의 영향을 받은 결과물입니다. 콘텐츠 제작이 어렵다고 생각하시나요? 오히려 콘텐츠 제작은 대단히 쉽습니다. 콘텐츠 세계에서는 예전부터 전해져 내려오는 전설 같은 명언이 있습니다.

"유능한 예술가는 모방하고, 위대한 예술가는 훔친다" – 피카소

여기에서 훔친다는 말은 단어 그대로 훔치는 것이 아니라 모방하는 과정에서 자신만의 스타일이 정립된다는 의미입니다. 즉, 모방하는 과정을 통해 원본보다 더 뛰어난 결과물을 만들어내는 걸 뜻합니다.

콘텐츠의 출발점은 모방입니다. 콘텐츠를 가장 쉽게 만드는 방법은 자신이 즐겨보는 다른 사람의 콘텐츠를 그대로 따라해 보는 일입니다. 멋진 글을 읽으셨나요? 자신의 글도 그렇게 멋지게 써 보세요. 아름다운 그림을 보셨다면, 그 그림처럼 그림을 그려봅니다. 멋진 사진을 보았다면 그 사진처럼 찍어보세요. 유쾌한 동영상을 즐겨 본다면, 여러분이 만들 동영상도 그 사람의 스타일로 유쾌하게 만들어보세요. 이렇게 따라하는 과정에서 여러분들은 더 많이 실수하게 될 것이고 더 많이 배우게 됩니다. 정말 다행스럽게도 인터넷과 SNS에는 참고할만한 훌륭한 콘텐츠가 대단히 많습니다. 여러분들이 즐겨보는 콘텐츠를 천천히 살펴보면서 어떻게 하면 그렇게 멋지게 만들 수 있을지 생각해보세요. 모방은 창조의 어머니입니다.

02 : 콘텐츠 크리에이터가 되기 위한 준비

1. 나는 어떤 매체에서 활동해야 할까?

모바일 시대에서는 누구나 자신만의 콘텐츠를 만들어서 불특정 다수를 상대로 공개할 수 있습니다. 콘텐츠를 통해 매력을 뽐내는 사람들은 많은 구독자와 팬을 가지게 됩니다. 그러나 우리가 활동할 수 있는 매체의 종류는 매우 많고 시간 제약상 모든 매체에서 활동할 수는 없기에 자신의 콘텐츠 주제와 컨셉, 그리고 좋아하는 스타일을 고려하여 활동 매체를 정하는 일은 가장 기본이면서도 매우 중요합니다.

인기 있는 매체와 많은 사용자를 보유한 매체는 유행과도 같아서 주기적으로 바뀝니다. 싸이월드 미니홈피에서 트위터로, 페이스북으로, 인스타그램으로, 유튜브로 대세가 옮겨갑니다. 보통 모바일 기기의 성능이 좋아지는 기술적 발전과 콘텐츠의 질이 좋아지는 매체적 발전은 방향을 같이 합니다.

하지만 유튜브가 대세라고해서 모든 사람이 꼭 유튜브에서 활동해야 하는 것은 아닙니다. 자신만의 콘텐츠 스타일과 주제에 적합한 매체가 있고, 그런 것들이 잘 맞아 떨어질 때 비로소 콘텐츠는 빛을 발하게 되니까요.

| 블로그 | 페이스북 | 인스타그램 | 유튜브 |

▲ 많은 크리에이터들이 활동하는 인기 매체 4가지

잠재 고객(예비 구독자)

콘텐츠 크리에이터 입장에서 활동할 매체를 고를 때 첫 번째 고려사항은 잠재 고객층입니다. 잠재 고객층이 많으면 많을수록 똑같은 콘텐츠도 더 많은 이들에게 노출할 수 있어 유리합니다. 즉, 기본적인 시장 크기가 커서 효용 가능성이 높아야 합니다. 10명이 앉아있는 교실과 1,000명이 앉아있는 강당 중 어디에서 내 이야기를 하면 좋을까요? 콘텐츠 크리에이터들에게는 언제나 1,000명 쪽입니다. 되도록 많은 잠재 고객이 활동하는 장소가 바로 우리의 활동 무대입니다.

콘텐츠 스타일

두 번째 고려사항은 자신이 제작하려는 콘텐츠의 타입과 매체의 타입이 일치하는지의 여부입니다. 예를 들어 사진 촬영을 극도로 싫어하는 사람이 인스타그램에서 활동할 순 없으니까요. 유튜브가 대세인 요즘에도 여전히 블로그는 인기 있는 매체이며 상당히 많은 잠재 고객을 갖고 있습니다. 저 역시도 다양한 정보를 블로그를 통해 얻습니다.

여러분이 글이라는 콘텐츠에 매력을 느껴서 글을 통해 소통하고 싶다면, 그리고 사진이나 동영상은 복잡해보여서 진절머리가 난다면, 블로그 또는 페이스북이 알맞습니다. 화려하고 알록달록한 동영상과 멀티미디어보다는 편안하고 느긋하게 읽을 수 있는 텍스트 위주의 기사 형식을 닮은 글이 좋다면 블로그 쪽이 훨씬 좋습니다.

▲ 콘텐츠 스타일에 따른 SNS 매체 흐름도

반대로 글보다는 사진이나 영상 쪽에 재미를 느낀다면 아무래도 블로그보다는 인스타그램이나 유튜브 쪽에 더 흥미가 있으실 겁니다. 특히 영상의 경우, 배경음악과 목소리 등 오디오를 함께 전달할 수 있다는 측면이 있으므로 설득력과 신뢰도에서 다른 매체와는 차원이 다른 인식을 구독자에게 전달할 수 있는 것이 장점입니다. 이러한 장점에도 불구하고 크리에이터 중에는 본인을 노출하지 않고 익명으로 활동하고 싶어하는 분들도 많습니다. 얼굴과 목소리를 노출하지 않은 상태에서 활동하려면 유튜브는 알맞지 않으며, 블로그나 페이스북이 주제상 적합하다 할 수 있습니다.

재미

세 번째 고려사항은 재미입니다. 이건 크리에이터에게 대단히 중요한 부분이지만, 많은 초보 크리에이터들이 간과하는 부분이기도 합니다. 콘텐츠를 제작하는 과정은 어렵고 지루할 때가 많습니다. 때로는 지치기도 하죠. 따라서 콘텐츠 제작자가 자신의 콘텐츠에 재미를 느끼지 못한다면, 다른 사람에게도 재미를 줄 수 없습니다.

콘텐츠 제작자는 보통 '좋아요'나 '댓글' 등 구독자의 반응을 보며 힘을 냅니다. 콘텐츠 제작자가 느끼는 재미는 제작 과정이 아니라 결과에서 나타나죠. 과정이 아무리 힘들고 어려워도 반응이 좋다면 참을 수 있지만, 과정이 매우 간단하다고 하더라도 반응이 시원찮으면 그 콘텐츠 제작은 오래할 수 없습니다. '콘텐츠 크리에이티브에 도전하는 사람들 중 절반 정도가 3개월 안에 콘텐츠 제작을 그만둔다'는 이야기가 있습니다. 자신이 재미있는 분야가 아니라 다른 사람들이 좋아할법한 분야를 선택했기 때문입니다. 본인이 좋아하고 즐기는 것이 무엇인지 생각해봅시다.

매체의 조합

사진 촬영과 편집이 가능하고 감성을 자극하는 시 쓰기를 즐겨하시나요? 그렇다면 블로그와 페이스북, 인스타그램을 고려할 수 있으며 3개 매체 모두에서 활동할 수도 있습니다.

실제로 대부분의 크리에이터들이 하나의 매체에서만 활동하는 게 아니라 여러 개의 매체에서 동시다발적으로 활동합니다. 가령, 블로그에 쓴 글을 페이스북에도 같이 공유하는 식이죠. 유튜브에서 활동하는 크리에이터가 인스타그램에서 팬들과 소통하기도 합니다. 콘텐츠는 복제가 대단히 쉽기 때문에 활동하는 매체를 하나로 제약하는 것은 경우에 따라서는 좋지 않은 전략이 되기도 합니다. 자신이 만들 콘텐츠 구성을 생각해보고 어떤 매체들을 조합할 수 있는지 점검해보는 걸 추천합니다. 매체를 잘 조합하면 훌륭한 시너지 효과를 낼 수 있으니까요.

2. 활동 매체를 정하기 위한 체크리스트

질문 내용	□	○	△	☆
글 쓰는 걸 좋아한다.		○		
사진 촬영이 재미있다.	□		△	
동영상으로 무언가를 표현하고 싶다.				☆
일기 쓰는 걸 좋아한다.		○	□	△
익명으로 활동하고 싶다.		○	□	
글, 사진, 지도 등 다양한 멀티미디어를 사용해보고 싶다.		○		
다른 사람의 반응보다 자신의 표현이 더 중요하다.		○		
스마트폰보다 PC에 익숙하다.		○	□	
PC보다 스마트폰이 더 익숙하다.			△	
상세한 정보를 포함하는 전문적인 콘텐츠를 만들고 싶다.		○		
전통적인 정보보다는 재미와 정보를 결합한 콘텐츠를 만들고싶다.		□	△	
전문성보다는 일상적인 콘텐츠를 좋아한다.			△	
포털에서 내 콘텐츠가 검색되면 좋겠다.		○		
동영상 제작에 관심이 있다.			△	☆
동영상으로 뭔가를 배우는 것에 익숙하다.				☆
여행, 음식점, 호텔 등 위치기반 콘텐츠가 좋다.		□	△	
패션, 음식 등 모두가 공감할만한 주제를 선호한다.			△	
시각적, 디자인적 요소에 관심이 많다.			△	
뉴스나 사회 이슈에 눈길이 간다.		□		
콘텐츠 제작에 투자할 시간이 많다. (하루 2시간 이상)		○		☆
콘텐츠 제작에 투자할 시간이 많지 않다. (하루 2시간 이상)			△	
가볍게 시작하고 싶다.			△	
친구들의 일상이 궁금하고 소통하고 싶다.		□	△	
합 계				

○ 많다면 → 블로그가 적합합니다.   □ 많다면 → 페이스북이 적합합니다.

△ 많다면 → 인스타그램이 어울립니다.   ☆ 많다면 → 유튜브에 도전하세요!

인스타그램은 가벼운 마음으로 시작할 수 있고, 일상적인 콘텐츠가 많다는 특성으로 인해 부담없이 도전해볼만한 SNS입니다. 그리고 스마트폰만으로도 훌륭한 콘텐츠를 제작하고 팬들과 소통할 수 있다는 점에서 추천합니다.

3. 콘텐츠 주제와 컨셉 정하기

콘텐츠 크리에이티브는 단기간에 승부가 나지 않습니다. 오히려 장거리 마라톤에 가깝죠(저는 블로그를 12년째 하고 있습니다). 마라톤에서 오버 페이스를 하면 안되는 이유와 마찬가지로 콘텐츠 제작 역시 조급하게 마음을 먹으면 금세 지치고 맙니다. 콘텐츠 제작을 꾸준히, 오래도록 이어가려면 자신에게 잘 맞는 주제와 컨셉을 정하는 게 중요합니다.

잠재 고객 또는 예비 구독자를 분석하기 이전에 자신 스스로를 분석해야 합니다. 여기에 몇 가지 힌트를 드립니다.

- 나는 무엇을 잘 만들까?
- 나의 관심사는 무엇일까?
- 내가 능숙한 분야는 어떤 것일까?
- 이 주제의 콘텐츠를 만들면서 내가 재미있을 수 있을까?
- 그동안 친구나 다른 사람들에게 내가 만든 콘텐츠 주제로 칭찬을 받아본 적이 있다면 아마도 그 주제야말로 자신에게 잘 맞는 주제일 가능성이 높습니다.

우리의 관심사는 여러 가지이며 다양할 수 있습니다. 당장 저만해도 글쓰기와 문학 작품, 음악에 관심이 많으며 SNS 콘텐츠 제작 관련된 일을 하는 한편으로 여행을 다니면서 맛집 탐방하는 걸 좋아합니다. 스쿠버다이빙이나 호핑투어 같은 수영 관련 액티비티도 자주 하는 편입니다. 크리에이터의 목표는 이토록 다양한 주제 중 한 가지 혹은 몇 가지를 선택하여 집중적으로 다루는 것입니다. 이 모든 관심사를 다루는 채널은 복잡하고 어지러우며 구독자와 팔로워에게 전문성이 떨어져 보이게 만듭니다. 즉, 원하는 걸 얻을 수 없게 됩니다.

	블로그	페이스북	인스타그램
용 도	전문 콘텐츠	맛집, 여행 등 구체적인 정보가 필요한 내용	패션, 뷰티, 일상 등 시각적인 내용
노 출	포털 검색	콘텐츠 공유	해시태그 검색
사 용	PC 또는 모바일	PC 또는 모바일	모바일
분 량	제한없음	제한없음 (60,000자)	글 2,200자 사진 10장
멀티미디어 사용 여부	가능	제한적 사용	동영상 길이 60초 제한
컨 셉	유익한 정보	정보 또는 재미	재미

다양한 관심사들 중 어떤 주제를 정해야 좋을까요? 우선은 매체에 걸맞는 몇 가지 주제들이 있습니다. 예를 들어 전문성이 필요하고 진지하면서도 깊은 이야기를 다뤄야한다면 블로그나 페이스북이 적합합니다. 패션이나 뷰티처럼 시각적 표현이 유리한 경우 인스타그램 혹은 유튜브가 어울리겠죠.

즐겨보는 콘텐츠 분석하기

여러분들이 앞으로 제작할 콘텐츠는 지금껏 즐겨봤던 콘텐츠에 영향을 받습니다. 다시 말해서 자신이 좋아하는 콘텐츠 스타일을 자신이 만들게 되는 셈입니다. 웃음을 유발하는 코미디 콘텐츠를 좋아한다면 여러분들이 만들 콘텐츠 주제도 코미디가 될 확률이 높습니다. 자신이 그걸 좋아하기 때문입니다. 다음 표를 참고하여 자신이 즐겨보고 좋아하는 콘텐츠를 분석해보고 앞으로 만들 콘텐츠를 상상해봅시다.

즐겨보는 콘텐츠 분석하기	
즐겨보는 콘텐츠 종류는?	예 웹툰, 경제학 블로그 글, 웃긴 동영상 등
즐겨보는 콘텐츠의 주제는?	예 패션, 뷰티, 여행, 맛집 등
좋아하는 콘텐츠 분위기는?	예 교육용 콘텐츠, 잔잔한 분위기의 여행 영상 또는 신나는 느낌의 인스타그램 사진 등
좋아하는 콘텐츠의 길이는?	예 인스타그램 사진 5장, 페이스북 사진 20장 등
해당 콘텐츠의 주요 소비자는?	예 20대 대학생, 청소년, 어린이, 50대 직장인 등

내가 만들 콘텐츠 주제 검토하기

즐겨보는 콘텐츠의 분석이 어느 정도 마무리되었다면 분석한 표를 활용하여 자신이 만들 콘텐츠의 주제를 점검해볼 차례입니다. 콘텐츠의 주제를 잘 선정하는 일은 무척 중요해서 아무리 강조해도 지나치지 않는데요. 검토는 급하게 결정하기보다는 시간 여유를 두고 천천히 고민해보는 것을 추천합니다.

내가 만들 콘텐츠 주제 검토하기	
내가 콘텐츠를 만들고 싶은 이유는?	
내가 만들고 싶은 콘텐츠의 종류는?	
나와 똑같은 주제를 다루는 사람은?	
해당 주제에서 다른 사람과의 차별점이 있다면?	
다른 사람들에게 도움이 되는 정보인가? (그렇다면 어떤 부분에서?)	
오래도록 꾸준히 제작이 가능한 주제인가?	
해당 주제의 콘텐츠를 만들기 위해 나에게 필요한 것들은?	
다양한 분야로 확장이 가능한가?	예 여행 주제 → 해당 지역 맛집 주제로 확장

내가 만들 콘텐츠 주제 정하기

이제 주제를 정할 시간입니다. 주제는 되도록 자신의 관심분야 또는 좋아하는 취미나 자신의 업무 연장선에서 고르는 게 좋습니다. 예를 들어 아프리카 여행이라는 주제는 매력적이지만, 평범한 사람이 1년 동안 여러 개를 만들어낼 수는 없습니다. 평범한 대학생이 명품 리뷰를 주제로 삼는다면 이 또한 콘텐츠를 꾸준히 만들기 어려울 것입니다.

일반적으로 하루 24시간 중 콘텐츠를 만들 수 있는 시간은 제한적입니다. 일도 해야 하고 화장실도 가야하며 밥도 먹어야하고 잠도 자야하죠. 따라서 주제를 정하기 전, 마지막으로 검토해 봐야 할 사항은 최소한의 노력과 비용으로 많은 양의 콘텐츠를 꾸준히 만들어낼 수 있는지에 대한 분석입니다. 아래의 표를 작성해보세요.

주 제	다양성	활동 장소	작업 가능 여부
예 맛집 탐방	다양(전국의 맛집들) 혹은 해외 맛집 등	해당 지역	불가능(비용부담)
예 해외 여행	무궁무진	해외 여행지 현지	불가능(비용부담, 이동 거리상 시간 부족)
예 캘리그라피	다양한 글씨체가 있음	집 또는 사무실	가능
예 뷰티	다양한 화장품과 화장법이 있음	집	가능
예 시(詩)	창작 시 쓰기	제한없음	가능

내가 만들 콘텐츠 주제 정하기

03 : 콘텐츠 촬영하기

1. 스마트폰으로 사진 촬영하기

스마트폰의 대표 기능 중 한 가지는 사진 또는 동영상의 촬영입니다. 과거처럼 무거운 DSLR이나 디지털 카메라를 들고 다니기보다는 언제나 주머니 혹은 가방에서 쉽게 꺼내 빠르게 촬영할 수 있는 스마트폰이야말로 크리에이터에겐 중요한 기계입니다. 콘텐츠 크리에이터들 중에서는 스마트폰만으로 콘텐츠를 제작하는 분들도 많습니다. 콘텐츠 제작에서 중요한 것은 언제나 주제이고, 장비는 그 주제에 도움을 주는 역할일 뿐입니다. 따라서 여러분들도 스마트폰만 있다면 멋지고 아름다운 콘텐츠를 얼마든지 제작할 수 있습니다.

스마트폰은 상대적으로 가볍고 작은 콤팩트한 기계이므로 사진을 찍을 때 몇 가지 제약이 있습니다. 예를 들어 다른 카메라보다 흔들린 사진이 찍히는 경우가 많습니다. 이런 현상은 스마트폰 카메라 자체의 문제라기보다는 스마트폰이라는 기계의 특성에 기인한 결과입니다. 작고 가벼운 까닭에 움직임에 민감하게 반응하는 탓입니다. 이 책에서 설명하는 몇 가지 팁을 활용해 스마트폰으로 멋진 사진을 찍어봅시다.

스마트폰 사진 촬영 기초

스마트폰은 전면과 후면에 카메라가 있으며 셀프 촬영을 제외하고 일반적으로는 후면 카메라로 촬영을 하게 됩니다. 후면 카메라는 전면 카메라보다 성능이 뛰어나며 화질이 좋은게 특징입니다. 최근에 출시되는 스마트폰은 후면 카메라를 화각별로 여러 개 넣어두어 좀 더 전문적인 촬영이 가능해졌습니다. 스마트폰으로 사진을 촬영할 때 카메라의 성능을 최대한 발휘할 수 있도록 스마트폰 사진 촬영의 원리부터 알아보겠습니다.

스마트폰 사진 촬영의 원리

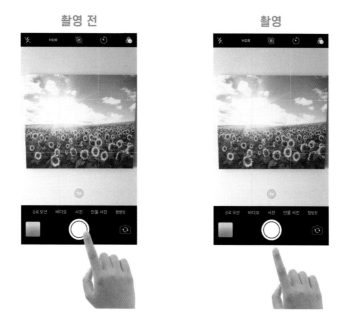

스마트폰 사진 촬영에서 기억해야 할 것은 셔터를 누를 때 찍히는게 아니라 눌렀다가 뗄 때 찍힌다는 점입니다. 이 부분은 대단히 중요하며 흔들린 사진을 최대한 방지하는데 도움이 됩니다. 즉, 사진을 촬영할 때 카메라 셔터를 누르고 뗄 때까지 스마트폰의 움직임을 최소화해야만 선명한 사진을 찍을 수 있습니다. 셔터를 누르고 떼는 과정에서 스마트폰에 약간의 충격이 가해지기 때문에 사진을 촬영할 때 스마트폰 자체가 흔들리곤 합니다. 따라서 안전하고 견고하게 잡는 방법을 알아두면 도움이 됩니다.

스마트폰 잡는 방법

스마트폰은 작고 가벼운 촬영 기기입니다. 따라서 잡는 방법에 유의해야만 사진을 잘 찍을 수 있으며 스마트폰을 안전하게 활용할 수 있습니다. 스마트폰으로 사진을 촬영할 때 스마트폰을 떨어뜨리는 경우가 많은데, 안정적으로 잡혀있지 않기 때문입니다.

▲ 잘못된 스마트폰 잡는 방법

스마트폰을 사용하는 많은 분들이 위 사진처럼 엄지와 검지를 이용해 손가락만으로 잡은 다음 사진을 촬영합니다. 이런 방식은 연약한 거치방식이라서 스마트폰으로 사진을 촬영할 때 사진을 흔들리게 만드는 주된 요인입니다. 더불어 바다, 산 등 위험한 장소에서 촬영할 때 스마트폰을 떨어뜨리는 사고 발생의 가능성도 높아집니다.

◀ 잘못된 스마트폰 잡는 방법

양손으로 잡는다고 해도 엄지와 검지만으로 스마트폰을 거치하게 되면 여전히 연약하고 위험한 방식입니다. 이렇게 잡는 분들도 대단히 많습니다만, 사진 촬영을 하려면 셔터를 눌러야 해서 다시 한 손만으로 잡게 되곤 합니다.

◀ 안전하고 올바른 스마트폰 잡는 방법

스마트폰은 위 사진처럼 항상 양손으로 안전하게 거치해야 합니다. 스마트폰을 분실하거나 높은 곳에서 떨어뜨리는 사고를 방지하고 선명한 사진을 찍기 위함입니다. 되도록 검지 손가락을 고리처럼 만들어 양 옆에서 잡아줍니다. 나머지 손가락은 편안하게 스마트폰 아래쪽을 감싸주면 됩니다.

◀ 안전하고 올바른 스마트폰 잡는 방법
　（정면에서 본 모습）

이런 식으로 스마트폰을 거치하면 흔들림을 최소화할 수 있습니다. 촬영은 오른손 엄지손가락을 이용하여 셔터를 눌러줍니다(왼손잡이는 왼쪽에 카메라 셔터가 가도록 배치하면 됩니다).

이와같이
가리지 않도록
주의!

▲ 카메라가 가려진 잘못된 잡는 방법

이때 손가락으로 카메라 렌즈를 가리지 않도록 주의하세요. 가능하면 카메라 주변에는 손가락이 배치되지 않도록 신경을 써야합니다.

여기서 잠깐!

특히 시니어 분들이 많이 사용하는 가죽 지갑형 스마트폰 케이스를 사용하는 분들이라면, 사진 촬영 시 케이스가 스마트폰 뒷면을 가리지 않도록 주의하세요.

이와같이
가리지 않도록
주의!

이와같이
가리지 않도록
주의!

▲ 사진 결과물에 손가락이 나온 사진

카메라 근처에 손가락이 있으면 사진 결과물에 손가락이나 손가락 그림자가 발생하게되며 멋진 순간을 사용할 수 없게 될지도 모르니까요.

▲ 세로 사진을 촬영할 때 스마트폰 잡는법

세로 사진을 촬영할 경우에는 스마트폰 몸통을 감싼다는 생각으로 감싸듯이 잡아주면 됩니다. 이때에도 역시 스마트폰 후면의 카메라 렌즈를 가리지 않도록 신경을 써주세요.

▲ 세로 사진을 촬영할 때(스마트폰 정면에서 바라본 모습)

가로 사진과 마찬가지로 세로일 때에도 손가락만으로 거치하려고하면 안됩니다. 스마트폰이 쉽게 흔들리게 되며 안정성도 불안해지기 때문입니다. 세로일 때에는 스마트폰을 감싸면 쉽게 해결할 수 있으므로 굳이 손가락으로 위험하게 잡을 이유가 없습니다.

흔들림 없는 사진 촬영하기

사진 결과물이 흔들려서 선명하지 않다면 그 사진은 사용하기 어려워집니다. 요즘 출시되는 스마트폰들은 '손떨림 방지 기능'을 탑재하고 있어서 스마트폰을 제대로 잡아주는 것만으로도 선명한 사진을 찍을 수 있습니다. 하지만 움직임이 많거나 어두운 환경에서는 여전히 흔들린 사진이 찍힐 수 있는데요. 이런 현상은 촬영하는 사람의 스마트폰이 흔들리고 있기 때문입니다. 삼각대로 거치하는게 아닌, 사람이 손으로 들고 촬영할 때에는 미세한 흔들림이 항상 있다고 할 수 있습니다. 따라서 이러한 흔들림을 최소화하는 방법을 알아봅니다.

일반적으로 사진은 멈춰서서 촬영하는 경우가 많으므로 촬영할 때에만 흔들림이 없다면 원하는 사진을 찍을 수 있습니다. 보통 스마트폰을 손으로 들고 찍을 때, 스마트폰이 흔들리는 원인은 팔꿈치입니다.

▲ 팔꿈치가 벌어진 상태에서 찍는 경우

팔꿈치가 벌어져 있으면 스마트폰이 흔들릴 확률이 높고 아름다운 사진을 찍기가 어렵습니다.

▲ 팔꿈치를 몸에 붙이고 촬영하기

팔꿈치를 몸에 최대한 붙여 흔들림을 최소화해 줍니다. 이런 자세는 대단히 안정적이며 훌륭한 사진을 찍는 기본입니다. 스마트폰뿐만 아니라 DSLR같은 전문가 카메라를 사용하는 분들도 팔꿈치를 몸에 붙인 상태에서 촬영하면 보다 안정적으로 촬영할 수 있습니다. 사진을 촬영할 때 팔꿈치를 몸에 붙이는 습관은 동영상을 촬영할 때에도 유용합니다.

여기서 잠깐!

사진 촬영 직전에 숨을 잠깐 참고 찍어보세요. 흔들림을 최소화하여 뚜렷하고 선명한 사진을 찍을 수 있습니다.

스마트폰 렌즈 청소

흐릿하고 뿌옇게 촬영된 사진을 좋아하는 사람은 없습니다. 사진은 언제나 선명하고 뚜렷해야 하며 표현하고자하는 내용이 잘 나타나야 합니다. 여러분들이 가지고 계신 스마트폰의 렌즈를 한번 살펴보세요. 깨끗해 보이나요? 안타깝게도 스마트폰 렌즈는 지저분한 곳입니다. 스마트폰 카메라의 경우, 별도의 렌즈 캡이 있는게 아니므로 생활하는 과정에서 스마트폰 렌즈에 먼지나 지문이 많이 묻게 됩니다. 특히 손의 기름이 많이 묻게 되어 사진의 화질을 떨어지게 만드는 요인으로 작용합니다.

▲ 스마트폰으로 사진을 촬영하기 전, 렌즈를 닦아주세요

사진을 촬영하기 전에 스마트폰 렌즈를 간단하게 청소해주는 것만으로도 이전보다 훨씬 뚜렷하고 선명한 사진을 찍을 수 있습니다. 안경닦이로 닦아주면 아주 좋습니다.

▲ 안경닦이가 없다면, 손수건이나 부드러운 옷을 활용하세요

하지만 안경닦이가 없다면 부드러운 천이나 손수건, 혹은 옷을 활용해 가볍게 닦아준 뒤 촬영하는 습관을 들이시기 바랍니다.

여기서 잠깐!

스마트폰 카메라 렌즈는 대단히 튼튼한 편입니다. 날카로운 물체로 긁는게 아니라면 쉽게 기스가 나지 않도록 제작되어 있으며, 약간의 생활기스는 사진을 촬영하는데 아무런 문제가 되지 않으니 안심하고 청소해 주세요.

구도 잡기

모든 사진 촬영에서 구도는 정말 중요합니다. 구도만 잘 잡아도 더욱 멋진 사진을 연출할 수 있기 때문인데요. 작고 가벼운 스마트폰에서는 구도를 잡는게 더욱 중요하다고 할 수 있습니다. 구도를 잡는 방법은 어렵지 않으며 오히려 대단히 단순해서 누구나 쉽게 아름다운 사진을 찍을 수 있습니다. 여기에서 몇 가지 팁을 소개합니다.

키가 작게 나오고 배경이 많지 않은 구도   배경을 많이 포함하고 키가 커 보이는 구도

▲ 똑같은 장소에서도 구도를 잘 잡으면 더욱 멋진 사진을 찍을 수 있습니다

격자선을 활용해 수평 맞추기

수평이 맞는 사진이 눈으로 봤을 때 안정적이며 멋지다는 느낌을 줍니다. 삐딱한 사진은 무언가 아마추어 같은 느낌을 주며 안정적이지 않아 시선이 분산됩니다. 손으로 들고 촬영하는 상황이 많은 스마트폰에서 어떻게 하면 사진의 수평을 맞출 수 있을까요? 스마트폰에 내장되어 있는 격자선 기능을 활용하면 됩니다.

설정 앱을 클릭하여 들어간 다음 카메라 설정으로 들어갑니다. 여기에서 격자라고 표시된 곳을
활성화해주면 이후부터는 카메라를 실행할 때 격자무늬가 활성화됩니다.

여기서 잠깐!

아이폰의 격자는 기본으로 3X3 격자 무늬가 적용됩니다.

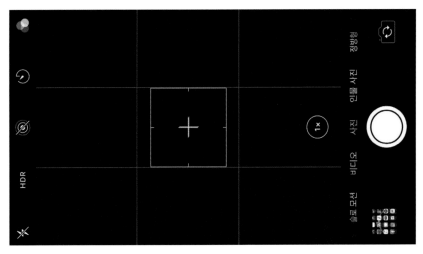

▲ 격자무늬가 활성화된 상태

이제부터는 사진을 촬영할 때 격자무늬를 보면서 수평을 맞추어 촬영해줍니다. 수평을 맞추는
방법은 배경을 활용하거나 사람의 발을 이용해 맞추면 되는데요. 예를 들어 수평선이나(바다), 건
물 또는 바닥의 수평을 격자무늬와 일치하도록 만들면 수평이 맞춰진 사진을 찍을 수 있습니다.

▲ 바닥의 선을 이용해 수평을 맞춘 사진

3분할 기법

격자선을 활성화했다면, 3분할 기법이라는 재미있고 쉬운 사진촬영 기법을 통해 아름다운 사진을 찍을 수 있습니다. 3분할 기법은 사진 촬영 기법 중 하나로서, 초보자분들이 기초적으로 활용하기에 훌륭한 기법입니다. 이 기법은 풍경 사진에 특히 좋으며 인물 사진에도 활용할 수 있습니다.

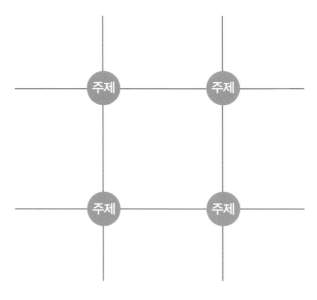

▲ 3분할 기법

3분할 기법의 필수 준비물은 3X3 격자선입니다. 격자선을 활성화한 상태에서 인물 혹은 배경 등 자신이 촬영하고자하는 피사체를 격자선이 겹치는 4곳의 포인트에 배치시키는 방법입니다. 3분할 기법으로 촬영하면 피사체와 배경을 모두 잘 보여줄 수 있으며 시각적으로 안정감을 주는 장점이 있습니다. 누구나 따라할 수 있는 기초적인 사진 촬영 기법이니 꼭 연습해보세요!

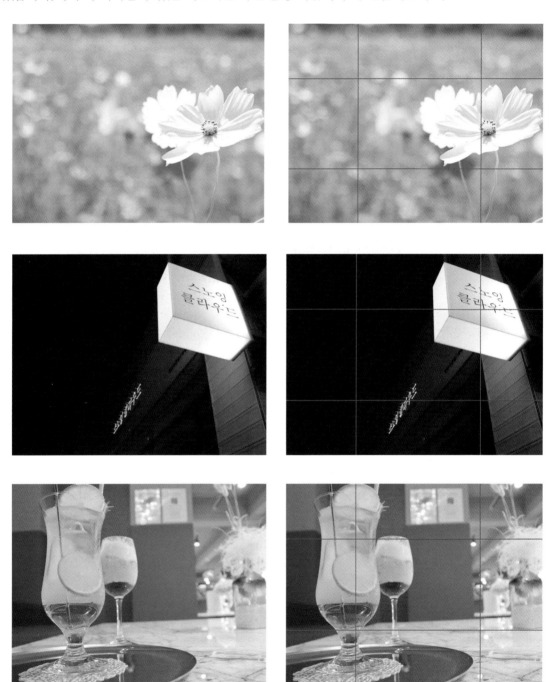

▲ 3분할 기법으로 촬영한 사진 샘플

센터 프레이밍 기법

센터 프레이밍 기법은 3분할 기법과는 다르게 촬영하고자하는 피사체를 화면의 정중앙에 배치시키는 방법입니다. 이 방법은 풍경 사진보다는 주로 인물 사진이나 상품 혹은 요리 사진 등에 적합하며 인물과 배경을 동시에 보여주기보다는 인물(혹은 상품) 그 자체만을 보여주면서 강조하고 싶을 때 효과를 발휘하는 방법입니다.

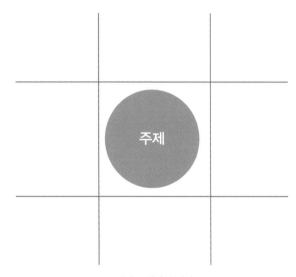

▲ 센터 프레이밍 기법

정중앙에 피사체를 배치하려면 선이 있어야겠죠? 센터 프레이밍 기법 역시 3X3 격자선이 필요합니다. 세로 사진과 가로 사진 모두에서 센터 프레이밍 기법을 활용할 수 있습니다. 평소보다 조금 더 가까이에서 촬영하면 스마트폰 카메라가 자동으로 아웃포커싱 효과(배경을 흐리게 만드는 효과)를 연출해주기 때문에 더욱 멋진 사진을 촬영할 수 있습니다.

잘 찍었다고 칭찬받는 사진 촬영법

스마트폰으로 사진을 촬영하는 일은 스마트폰을 이용하는 주된 목적 중 하나입니다. 친구들과의 즐거운 여행에서, 가족들과 오붓한 공간에서, 사랑하는 사람과 활짝 웃는 모습으로 추억을 남기고 시간을 기록할 수 있죠. 사진 촬영 기법을 알아두면 일상에서 유용하게 사용할 수 있습니다.

요즘은 사진 보정 기법을 이용하여 좀더 세련되게 만들기도 하지만, 가장 좋은 사진은 원본 자체가 훌륭한 사진인 것은 불변의 진리입니다. 카메라 렌즈를 사용하는 모든 기계(사진기)는 기본적으로 각도와 구도에 큰 영향을 받습니다. 스마트폰도 예외가 아닌데요. 각도만 달리해주면, 마치 사진 작가가 찍은 듯한 멋진 사진을 찍을 수 있습니다. 인물 사진을 멋지게 촬영하여 다른 사람에게 잘 찍었다고 칭찬받는 사진 촬영법을 알려드립니다.

사진을 잘 찍는 쉬운 비결은 각도를 조절하는 것입니다. 스마트폰의 기울기에 따라 인물 사진이 어떻게 변화하는지 알아보겠습니다.

1. 스마트폰 렌즈가 아래를 향하는 각도

첫 번째 각도는 카메라 렌즈가 아래를 향하는 각도입니다. 카메라가 바닥 쪽으로 기울어진 형태이며 모델 기준이 아니라 찍는 사람 기준으로 편한 구도입니다. 보통 키가 작은 아이들을 찍거나 앉아 있는 사람을 촬영할 때 주로 나오는 각도죠.

스마트폰이 아래를 향하는 각도에서는 보통 모델이 서 있고 촬영자도 서서 촬영하게 됩니다.

하지만 카메라 렌즈가 바닥을 향하고 있어서 전신 사진을 촬영할 때 이런 각도로 촬영하면 모델이 눈을 치켜뜨면서 위를 바라보는 형태가 만들어지고 바닥이 많이 노출됩니다. 보통 바닥은 지저분한 경우가 많죠. 또한 얼굴과 상체가 실제보다 크게 보이며 다리는 실제보다 짧게 표현되므로 이렇게 찍은 사진은 잘 찍은 사진이라고 보기에는 어렵습니다.

다음은 스마트폰 사용자들이 가장 많이 사용하는 방법인 정면을 바라보는 각도입니다. 스마트폰을 직각으로 세운 형태이며 모델과 스마트폰이 수평을 이루는 각도죠.

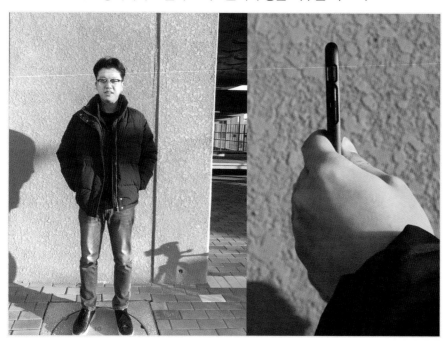

스마트폰이 아래를 향하는 각도보다는 바닥이 많이 나오지 않아 구도가 안정적입니다. 모델은 정면을 바라보는데 촬영자와 모델의 키 차이에 따라 구도가 조금씩 달라집니다. 정면을 향하는 각도는 무난한 사진을 찍기에 좋지만 인물이 더 멋지게 나오지는 않고 보통 실제 크기 그대로 나오는 경우가 많습니다. 즉, 키가 크다면 크게 나오고 키가 작으면 작게 나옵니다. 실제 그대로 표현되는 각도라서 인물 사진을 촬영할 때 좋은 기법이라고 하기에는 어렵습니다.

세 번째는 스마트폰이 하늘을 바라보는 각도입니다. 스마트폰을 하늘 방향으로 살짝 기울여주면 되는데요. 인물 사진 또는 풍경 사진을 촬영할 때 최고의 각도이며 모델이 실제보다 더 멋지게 촬영된다는 장점이 있습니다.

이렇게 촬영하면 모델은 실제보다 키가 더 커보이며 얼굴은 더 작아보입니다. 또한 구도가 안정적이고 바닥이 많이 노출되지 않아 지저분한 사진이 촬영되는 걸 피할 수 있습니다. 모델의 시선은 살짝 아래를 향하는 경우가 많고 날씨가 좋다면 멋진 하늘과 함께 아름다운 사진이 촬영됩니다. 실제 사진 작가들이 인물 사진에서 가장 선호하는 각도이며 스마트폰에서 하늘을 바라보도록 각도를 조절해주는 것만으로도 이전보다 훨씬 훌륭한 사진을 촬영할 수 있습니다.

그런데 카메라가 하늘을 바라보는 각도의 경우 촬영자가 서 있는 상태에서 촬영하게 되면 사진 상에 모델의 상체 부분 혹은 얼굴 부분만 촬영이 됩니다.

따라서 카메라가 하늘을 바라보는 각도에서 촬영할 땐 촬영을 하는 사람이 쪼그려 앉은 상태에 서 촬영을 해야 합니다. 이렇게 해야만 모델의 전신이 다 나오게 촬영할 수 있으며 멋진 사진을 찍을 수 있습니다.

▲ 스마트폰 각도별 인물 사진의 변화

똑같은 사람을 촬영해도 각도에 따라 사진은 180도 바뀝니다. 인물 사진은 가능하면 '아래에서 위로' 촬영해야 한다는 것 꼭 기억해두세요.

풍경 사진을 촬영할 땐 어떤 각도가 좋나요?

인물 사진뿐만 아니라 풍경 사진도 스마트폰을 하늘 방향으로 기울여 촬영하는 걸 추천합니다. 인물 사진과 마찬가지로 지저분한 바닥을 보이지 않게 촬영되면서 하늘이 더 많이 보이기 때문입니다.

여기서 잠깐!

인물 사진을 더 멋지게 촬영하는 방법

카메라 각도가 하늘을 바라보게 한 상태에서 인물 사진을 촬영할 때 주의점이 있습니다. 초보자분들이 흔히 하는 실수는 모델의 발목이 날아가거나 혹은 바닥이 많이 보이게 촬영하는 것입니다.

▲ 바닥이 나온 사진과 바닥이 나오지 않은 사진

되도록 바닥이 최대한 안 나오게 촬영해야 합니다. 바닥을 최대한 노출되지 않도록 만들면 사진이 훨씬 안정적으로 보이며 더 키가 커 보이는 등 여러 가지 장점이 있습니다.

이런 실수를 방지하기 위해서는 사진을 촬영할 때 모델의 발 끝이 스마트폰의 화면 끝에 배치되도록 하세요.

2. 스마트폰으로 동영상 촬영하기

스마트폰의 카메라는 동영상을 촬영하는데도 적합합니다. 작고 가벼워 휴대하기에 좋고 언제 어디서나 영상을 촬영할 수 있기 때문입니다. 전통적인 동영상 촬영 장비들은 대체로 크고 무거워서 이동이 쉽지 않았었죠. 또한, 가격이 비쌌기 때문에 동영상이라는 콘텐츠는 불과 얼마 전까지만 하더라도 전문가들만의 영역이었습니다. 그러나 스마트폰이 등장하고 스마트폰 카메라 성능이 비약적으로 발전하면서 이제는 누구나 동영상으로 콘텐츠를 제작할 수 있는 시대가 열렸습니다. 심지어 2013년에는 스마트폰만으로 촬영한 영화가 개봉하기도 했었죠.

▲ 스마트폰으로 촬영하여 개봉한 영화

요즘 인기있는 유튜브 등을 통해 동영상에 대한 관심이 높아지고 있으며 5G 통신망이 보편화되면 동영상에 대한 관심은 더욱 뜨거워질 것으로 예상됩니다.

스마트폰의 동영상 촬영 기능은 DSLR 같은 카메라에 비해서도 나쁘지 않은 수준입니다. 가격과 휴대성을 생각하면 오히려 더 뛰어나다고 볼 수도 있죠. 무엇보다 스마트폰으로 동영상을 촬영하는 것은 매우 쉽습니다!

스마트폰으로 동영상 촬영 준비하기

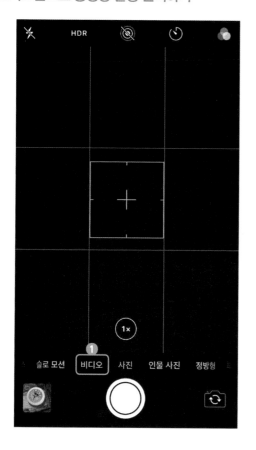
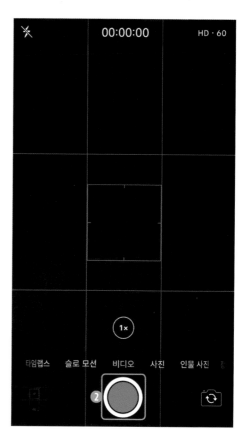

스마트폰의 카메라 앱을 실행한 후 동영상(또는 비디오) 모드로 전환해야만 동영상을 촬영할 수 있습니다. 사진 촬영 환경일 경우에는 셔터가 흰색으로, 동영상 촬영일 경우에는 셔터가 빨간색으로 나타나니 직관적으로 확인할 수 있습니다. 동영상(또는 비디오) 모드로 전환하여 빨간색 버튼이 나타나면 동영상 촬영 준비는 끝! 이제 빨간색 버튼을 눌러 촬영을 시작한 후 원하는 만큼 영상을 찍어주면 됩니다.

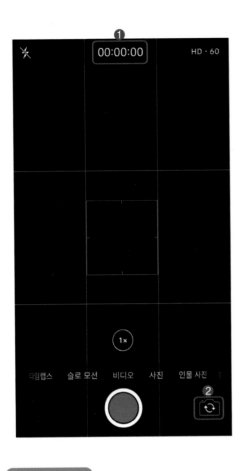

❶ 동영상 촬영을 시작한 직후부터의 시간을 표시합니다. 동영상을 몇 초, 혹은 몇 분동안 촬영했는지 확인할 수 있습니다.

❷ 카메라 화면을 앞뒤로 전환하는 버튼입니다. 한 번 누르면 전면 카메라로(셀프 카메라), 한번 더 누르면 다시 후면 카메라로 전환됩니다.

여기서 잠깐!

아이폰의 격자는 기본으로 3X3 격자 무늬가 적용됩니다.

이동하면서 동영상 촬영할 때 흔들림을 최소화하는 방법

동영상은 움직임을 촬영하는 것입니다. 쉽게 말해 사진이 멈춰진 장면을 찍는 것이라면 동영상은 움직임을 찍는다고 볼 수 있습니다. 열심히 뛰어다니는 아이들을 찍어주거나 빠르게 자전거 타는 친구를 찍어줄 수도 있죠. 시원한 바람이 부는 바다에서 파도치는 모습을 촬영하거나 날아가는 비행기를 찍기도 합니다. 앞으로 걸어가는 친구를 쫓아가며 찍어주는 상황을 생각해볼까요? 이럴 때 걸어가는 친구만 걸어가는게 아니라 동영상을 촬영하는 나도 같이 걸어가야 합니다. 이렇듯 걸어가면서 동영상을 찍으면 매우 흔들린 영상이 촬영되는 것을 확인할 수 있는데요. 이렇게 흔들린 영상을 계속 보면 멀미가 나는 느낌이 들기도 합니다. 이런 현상은 걸어가는 과정에서 카메라가 흔들렸기 때문입니다. 특히 아래위 방향으로 많이 흔들리죠. 이러한 흔들림을 최소화하여 되도록 부드러운 느낌을 줄 수 있는 영상 촬영 방법이 있습니다. 바로 닌자워킹입니다.

▲ 닌자워킹으로 동영상을 촬영하는 모습

닌자워킹이란 닌자들이 발소리를 내지 않고 걷거나 뛰는 장면을 묘사한 것입니다. 동영상을 촬영할 때에는 특히 흔들림에 주의해야 하므로 촬영하는 사람이 걷거나 뛸 때 닌자워킹 방식이 필요합니다. 닌자워킹 방식은 딱 두 가지만 기억하세요.

먼저 카메라를 양손으로 안전하게 잡은 뒤 팔꿈치를 몸에 최대한 붙여주세요.

　다음으로 무릎을 살짝 굽혀줍니다. 걸어가는 과정에서 이 무릎의 충격으로 카메라가 흔들리기 때문입니다. 무릎을 어정쩡하게 굽히거나 너무 많이 굽히게 되면 힘만 들고 촬영은 제대로 되지 않기 때문에 편안하게 살짝만 굽혀줍니다. 그런 다음 촬영하고자 하는 방향으로 최대한 조심스럽게 걸어가거나 뛰어가면서 영상을 촬영합니다. 이 방식이 닌자워킹이며 동영상을 촬영할 때 상하로 흔들리는 것을 최소화할 수 있습니다.

여기서 잠깐!

　닌자워킹 촬영 방식은 움직이면서 촬영하는 동영상일 경우에 활용하는 방법으로, 스마트폰에만 해당되는 것이 아니라 DSLR 같은 전문가용 카메라를 사용할 때에도 필요한 방법입니다. 더불어 짐벌(Gimbal; 수평으로 유지하는 장치)처럼 움직임을 부드럽게 만들어주는 전문 장비가 있다고 하더라도 수직 방향의 흔들림은 최소화해주기 어려워서 닌자워킹 방식이 권장됩니다.

04 : 콘텐츠 편집하기

1. 스마트폰으로 사진 편집하기

스마트폰(모바일) 환경에서 자주 사용하는 기능으로 사진 편집 기능도 빼놓을 수 없습니다. 요즘에는 PC없이 스마트폰만으로 블로그나 SNS를 운영하는 분들도 많이 볼 수 있는데요. 여러 용도로 사용할 수 있는 편집 기능을 가진 다양한 앱(애플리케이션)들이 출시되어 있습니다.

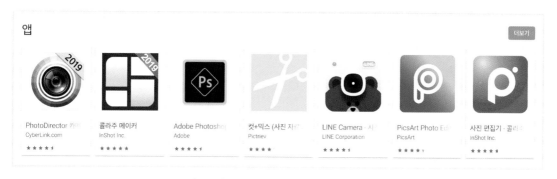

▲ 스마트폰에서 사용할 수 있는 다양한 사진 편집 앱들

이 책에서는 다양한 이미지 편집 앱들 중 모든 기능을 무료로 사용할 수 있고 누구나 쉽게 사진 편집을 할 수 있는 라인카메라 앱을 활용하기로 합니다.

라인카메라 앱 설치하기

앱스토어(아이폰) Play스토어(안드로이드)에 접속하여 검색창에 '라인카메라' 또는 영어로 'LINE Camera'라고 검색하여 앱을 찾은 다음 설치 버튼을 눌러 설치합니다.

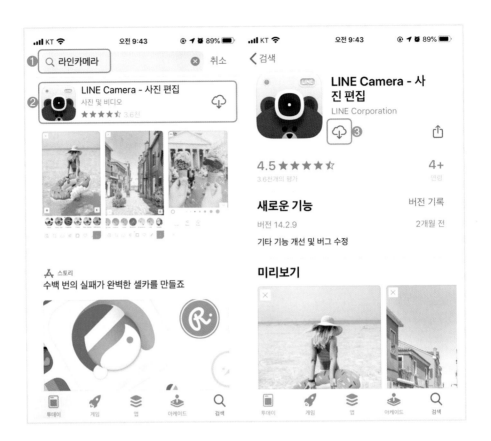

라인카메라 앱 첫 화면 둘러보기

❶ 카메라 : 라인카메라 앱으로 사진을 촬영할 때 사용합니다.

❷ 앨범(갤러리) : 찍어둔 사진을 가지고 와서 라인카메라에서 사진을 편집할 때 사용합니다.

❸ 콜라주 : 여러 장의 사진을 한 장으로 만드는 기능입니다.

❹ 그리기 기능: 이름 그대로 손가락을 이용해 그림을 그릴 때 사용합니다.

여기서 잠깐!

맨 처음 라인카메라 앱을 설치하면 '앨범에 접근 허용'에 대한 메시지가 나옵니다.

이 메시지가 나오면 허용(또는 확인)을 선택해주어야 사진을 편집할 수 있습니다.

라인카메라 앱으로 사진 편집하기

앨범(갤러리) 버튼을 누르면 사진을 선택할 수 있는 창이 나타나며 여기에서 원하는 사진을 선택한 후 아래쪽에 있는 꾸미기(선택)를 누릅니다.

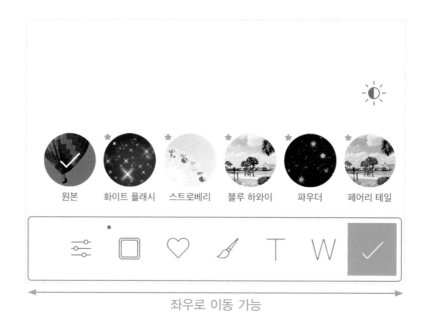

라인카메라 앱의 메뉴들은 아래쪽에 자리잡고 있습니다. 다양한 필터들과 메뉴들이 있으며 손가락을 이용해 좌우로 이동하여 더 많은 메뉴들을 찾을 수 있습니다.

사진 자르기 및 회전하기

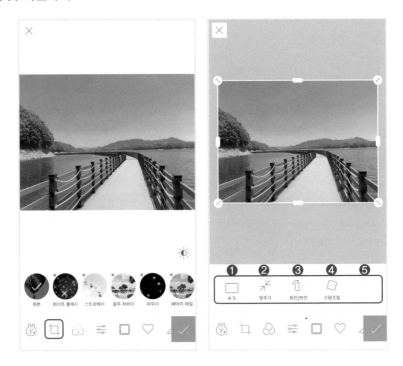

사진을 자를 땐 자르기 도구(크롭)를 이용합니다. 자르기 도구를 선택한 다음 원하는 비율로 맞추거나 손가락을 이용해 직접 불필요한 부분을 잘라낼 수 있습니다.

❶ 정해진 비율로 사진을 잘라냅니다.(1:1, 4:3, 3:4 비율 등)

여기서 잠깐!

FREE 비율은 정해진 비율 없이 자유롭게 사진 크기를 조절하는 기능입니다.

❷ 맞추기 기능은 사진 크기를 비율에 맞게 꽉 채워주는 기능입니다.
❸ 회전/반전은 사진을 회전할 수 있는 기능입니다.

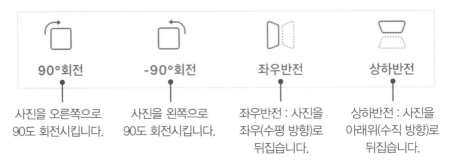

90°회전	-90°회전	좌우반전	상하반전
사진을 오른쪽으로 90도 회전시킵니다.	사진을 왼쪽으로 90도 회전시킵니다.	좌우반전 : 사진을 좌우(수평 방향)로 뒤집습니다.	상하반전 : 사진을 아래위(수직 방향)로 뒤집습니다.

❹ 사진을 세밀하게 회전시키면서 수평을 맞출 때 사용합니다.

❺ 지금까지 적용했던 모든 기능을 취소하고 처음으로 되돌립니다.

여기서 잠깐!

원하는 만큼 자르기 및 회전이 적용되었다면 우측 하단에 있는 초록색 버튼을 눌러 완료합니다.

사진에 필터 적용하기

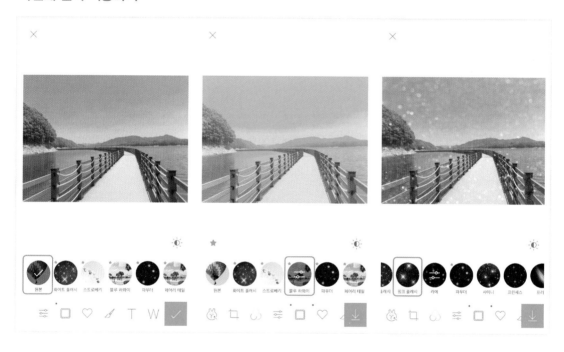

사진 아래쪽에 있는 필터를 선택하면 사진에 필터가 적용됩니다. 원본 사진에 필터를 적용하면 매력적인 사진으로 편집할 수 있습니다. 간단한 필터 적용만으로도 손쉽게 사진 편집이 가능합니다. 다양한 필터들이 준비되어 있으니 필터를 하나씩 눌러보면서 직접 눈으로 확인한 후 필터를 결정하는 것을 추천합니다.

여기서 잠깐!

사진 필터 기능은 사람 눈에 선글라스를 착용한 것처럼 사진 전체가 필터 색으로 바뀐다고 생각하면 됩니다.

사진을 전문가처럼 편집하기

필터 바로 옆에 있는 버튼을 누르면 사진을 세밀하게 편집(보정)할 수 있습니다. 이 세밀한 조정은 약간의 연습이 필요하지만 누구나 쉽게 전문가처럼 사진을 보정할 수 있다는 점에서 유용한 기능입니다.

자동 레벨, 자동 화이트 밸런스, 노출 조정, 밝기/대비, 채도, 비네팅, 흐릿하게, 선명도를 조절할 수 있습니다.

자동 레벨	사진을 스마트폰 앱이 자동으로 보정합니다. 레벨을 맞춰주는 기능이므로 주로 사진의 전체적인 색감이 변합니다.
자동 화이트 밸런스	자동으로 화이트 밸런스를 맞춰줍니다. 화이트 밸런스는 색온도입니다. 어떤 사진은 실제보다 푸르게 찍히고 어떤 사진은 실제보다 노랗게 찍히는걸 보신 적이 있으실 텐데요. 이런 현상이 화이트밸런스가 맞지 않아 발생하죠. 이런 화이트밸런스 문제를 자동으로 잡아주는 기능입니다.
노출 조정	사진의 노출값을 조절합니다. +100으로 이동할수록 사진이 밝아지며 −100으로 갈수록 사진은 어두워집니다.

밝기/대비	사진의 밝기와 대비를 조절합니다. 밝기는 말 그대로 사진의 밝기이며 촬영이 아닌, 편집에서는 노출과 거의 흡사한 결과물을 만들어냅니다. 대비는 물체와 배경을 구별할 수 있게 해주는 특성입니다. 대비값이 높으면 경계가 뚜렷해지며 어두운 색은 더 어둡게, 밝은 색은 더 밝게 표현됩니다. 대비값이 낮으면 사진이 전체적으로 회색 톤으로 바뀝니다.
채도	채도는 쉽게 이야기하면 색상의 진하기라고 할 수 있습니다. 채도값을 올리면 사진의 색감이 진해지고 채도를 내리면 흑백 사진처럼 변합니다.
비네팅	사진의 테두리 부분에 검은색 띠를 만들어서 피사체를 좀 더 강조할 때 사용하는 기능입니다.
흐릿하게	사진의 중앙부분을 기준으로 테두리 부분을 흐릿하게 만들어줍니다. 이 기능을 적용하면, 배경은 흐려지고 피사체는 선명하기 보이므로 피사체를 강조할 때 유용합니다.
선명도	사진의 선명함을 조절합니다. 선명도를 올리면 사진이 선명해지면서 거칠게 보입니다. 선명도를 내리면 사진이 부드럽게 보입니다.

2. 스마트폰으로 카드뉴스 만들기

카드뉴스는 이미지와 텍스트를 결합한 정보 전달 형태의 콘텐츠 종류입니다. 단순히 글만으로 써내려간 내용을 보는 것보다는 이미지와 텍스트를 적절히 결합하여 콘텐츠를 만들면 읽는 사람 입장에서 훨씬 더 전달력이 높아지게 됩니다. 그래서 블로그나 페이스북, 인스타그램 등 SNS에서 자주 활용하는 기법입니다. 요즘은 모바일 사용량이 증가함에 따라 예전처럼 단순히 텍스트를 천천히 읽는 경우는 줄어들고 있습니다. 효과적인 이미지(사진)는 여러 문장보다 효과적입니다. 예를 들어 '맛있는 사과'라는 점을 글로 어필하는 것보다 '맛있어 보이는 사과 사진'이 더 나은 결과를 나타냅니다. 바쁜 현대인들은 원하는 정보를 빠르고 재미있게 얻고 싶어하며 지루한 것을 싫어하죠. 대신 간략한 텍스트와 관련된 이미지를 결합하여 가독성과 전달력, 그리고 공유 효과를 높이는 카드뉴스 스타일이 요즘 추세이며 보기에도 좋습니다.

▲ SNS에서 효과적으로 정보를 전달하는 카드뉴스 스타일들

여기서 잠깐!

카드뉴스의 핵심 포인트는 매력적인 사진입니다. 텍스트는 간략하게 들어가고 대부분의 정보를 이미지로 전달하는 형태이므로 사진이 선명하지 않거나 흔들린 사진은 되도록 사용하지 않는게 좋습니다.

카드뉴스 제작의 개념알기

카드뉴스를 제작하기 전에 먼저 카드뉴스 제작에 대한 기본 개념부터 알아보겠습니다. 카드뉴스는 배경에 이미지를 배치하고 그 이미지 위에 텍스트를 쌓아두는 형태로 제작합니다. 이것을 스택(Stack)형태라고 부르며 각 객체를 레이어(Layer)라고 부릅니다. 즉, 카드뉴스에는 배경에 깔릴 이미지 레이어와 이미지 위에 쌓여질 텍스트 레이어가 필요합니다. 텍스트 레이어는 배경에 아무런 색상이 없으므로 시선 방향으로 보았을 때 글자와 사진 모두 보이게 됩니다. 이렇게 레이어 형태로 작업하는 주된 이유는 배경과 글자를 분리하여 따로 편집할 수 있게끔 만들기 위함입니다. 최종 결과물을 저장하기 전까지는 글자만 수정할 수도 있고 배경 이미지만 교체할 수도 있습니다. 최종 결과물을 저장하면 텍스트 레이어와 배경 이미지 레이어가 하나의 사진으로 만들어집니다. 따라서 저장을 한 뒤에는 글자나 사진을 수정할 수 없고 만약 수정이 필요하다면 처음부터 다시 작업을 해야 합니다.

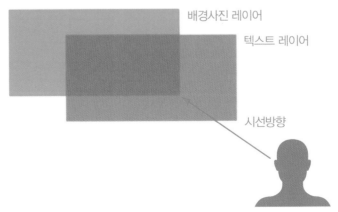

배경사진 레이어

텍스트 레이어

시선방향

카드뉴스 제작을 위한 준비물

1 카드뉴스 기획안
2 사진 편집 프로그램(스마트폰 앱)
3 사용할 사진

카드뉴스는 이미지와 텍스트 등 여러 가지 내용이 필요한 종합 콘텐츠이므로 약간의 준비가 필요합니다. 기본적으로 배경으로 사용할 이미지와 텍스트가 필요합니다. 여러장의 사진과 각 사진에 넣을 적당한 글자가 있어야겠죠? 종합 콘텐츠인 카드뉴스를 계획 없이 무작정 만들게 되면 콘텐츠가 중구난방이 될 가능성이 높으므로 간단한 카드뉴스 기획안을 메모하여 작업하는 방식을 추천합니다.

카드뉴스 기획안 작성하기

기획안을 미리 적어두고 카드뉴스 제작을 하면 훨씬 효과적이면서도 정확한 카드뉴스를 만들 수 있습니다. 노트나 포스트잇 등 간단하게 메모할 수 있는 곳이면 어디든 좋습니다. 메모할 수 있는 곳에 다음과 같은 내용을 적습니다.

1 카드뉴스 주제 : 카드뉴스의 주제는?
2 콘텐츠의 크기 : 주제에 맞는 콘텐츠를 만들려면 사진이 몇 장 필요할까?
3 각 카드별 그림

예를 들어 '나의 직업'에 대한 소개를 위해 카드뉴스를 제작한다고 한다면 다음와 같은 기획안이 만들어집니다.

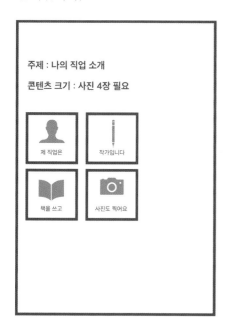

아래쪽 사각형은 각 카드에 대한 간단한 그림을 넣는 곳입니다. 찍어둔 사진 또는 필요한 사진을 생각하면서 그림과 텍스트의 배치를 그림으로 그려보면 주제가 명확한 카드뉴스를 만들 수 있습니다.

카드뉴스 제작하기

이제 만들어둔 기획안을 참고하여 이미지 편집 프로그램(스마트폰 앱)으로 카드뉴스를 제작합니다. 스마트폰 앱은 이전에 설치한 라인카메라 앱을 활용합니다.

앨범(갤러리) 버튼을 누르면 사진을 선택할 수 있는 창이 나타나며 여기에서 원하는 사진을 선택한 후 아래쪽에 있는 꾸미기(선택)를 누릅니다.

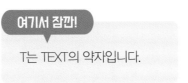

여기서 잠깐!

T는 TEXT의 약자입니다.

원하는 글자를 입력한 후 [다음]을 클릭하면 글꼴을 선택할 수 있습니다. 원하는 글꼴을 고르면 자동으로 사진에 글자가 삽입됩니다.

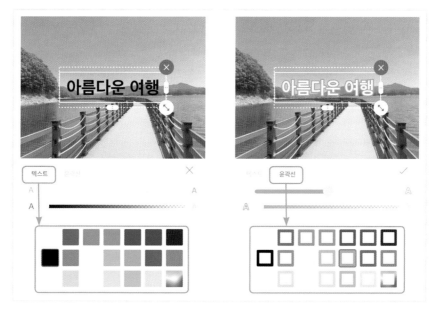

이제 글자에 색상을 넣어줄 차례입니다. 글자 색을 잘 고르면 감각적인 사진을 만들어낼 수 있습니다. 윤곽선을 넣는 것도 잊지마세요. 윤곽선은 글자를 눈에 띄도록 해주는 콘텐츠 제작 방식입니다.

여기서 잠깐!

글자 색상이 고민된다면 흰색을 적용해보세요. 대부분의 사진에 잘 어울리는 무난한 색상입니다.

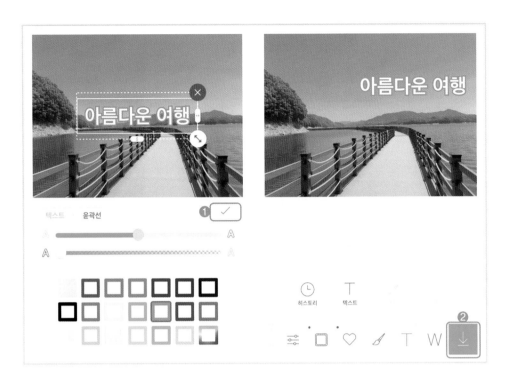

윤곽선 색상까지 모두 정했다면 [체크] 버튼을 눌러 완료하고 우측 하단에 있는 [저장하기] 버튼을 눌러 저장합니다. 저장하면 스마트폰의 앨범(갤러리)에 편집한 사진이 저장되며, 이 저장된 사진을 자유롭게 사용할 수 있습니다.

여기서 잠깐!

안드로이드 스마트폰의 경우, 갤러리에서 Line camera라는 이름의 앨범에 저장됩니다.

기획안을 참고하여 같은 방식으로 1장씩 작업을 한 후 갤러리에서 사진을 확인합니다. SNS에 업로드할 때 1번 카드부터 순서대로 올려야 이야기가 이어진다는 점 잊지마세요.

편집한 사진을 저장하기

작업이 완료된 사진을 저장할 차례입니다. 오른쪽 하단에 있는 초록색 버튼을 누르면 사진이 스마트폰 앨범(갤러리)에 저장됩니다. 저장한 후에는 스마트폰의 앨범(갤러리)에서 작업한 결과물을 볼 수 있습니다.

여기서 잠깐!

사진 편집은 사진의 복사본을 추가로 저장합니다. 원본 사진은 그대로 앨범(갤러리)에 유지되고 있고 편집한 사진이 추가로 저장되기 때문에 부담없이 편집해보세요.

3. 스마트폰으로 동영상 편집하기

스마트폰을 활용하면 동영상 편집을 할 수 있습니다. 전문적인 동영상은 파이널컷이나 프리미어 등 전문적인 동영상 제작용 프로그램을 이용해야 하지만, 3~5분 내외의 간단한 동영상이라면 스마트폰으로도 얼마든지 제작할 수 있죠. 스마트폰 앱스토어 또는 플레이스토어에는 동영상을 편집할 수 있는 다양한 앱(애플리케이션)이 출시되어 있는데요. 유료 버전과 무료 버전이 있으며 인앱 구매(앱의 기본 기능은 무료이지만, 추가 기능은 유료) 형태의 앱이 많습니다.

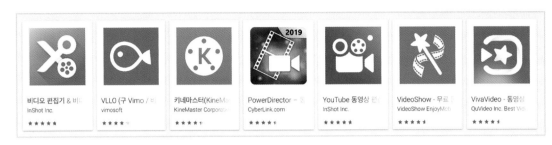

▲ 스마트폰에서 사용할 수 있는 다양한 동영상 편집 앱들

대부분의 동영상 편집 앱들이 비슷한 기능을 제공합니다. 스마트폰으로 동영상을 편집하는 분들이 보편적으로 사용하는 키네마스터, 비바비디오 등의 앱은 보다 편리하게 영상을 제작할 수 있도록 해줍니다. 여기에서는 초보자분들이 쉽게 동영상을 편집할 수 있으면서도 무료 기능만으로 재미있는 영상을 만들 수 있는 비바비디오 앱을 사용합니다.

비바비디오 앱 설치하기

앱스토어(아이폰) 구글플레이(안드로이드)에 접속하여 검색창에 '비바비디오' 또는 영어로 'viva video'라고 검색하여 앱을 찾은 다음 [설치] 버튼을 눌러 설치합니다.

여기서 잠깐!

비바비디오 앱은 일반 버전과 프로 버전으로 나뉩니다. 일반 버전은 기본 기능은 무료이며, 프로 버전은 현재 추가 비용을 결제해야만 사용할 수 있습니다.

❶ 비바비디오 기본 버전(무료)

비바비디오 기본 버전은 무료로 사용할 수 있습니다. 무료 버전에서는 동영상에 'viva video'라는 워터마크가 자동 삽입되며 앱을 사용할 때 종종 광고가 나타납니다. 더불어 5분 이하의 동영상만을 저장할 수 있으며 화질은 480p로만 저장할 수 있습니다.

❷ 비바비디오 프로 버전(유료)

비바비디오 프로 버전은 유료입니다. 유료 버전인만큼 동영상에 워터마크가 제거되고 광고가 나타나지 않습니다. 동영상의 시간 제한이 없으며 HD고화질 내보내기(720p)가 가능하고 몇 가지 편집 도구를 추가로 제공합니다.

비바비디오 앱 첫 화면 둘러보기

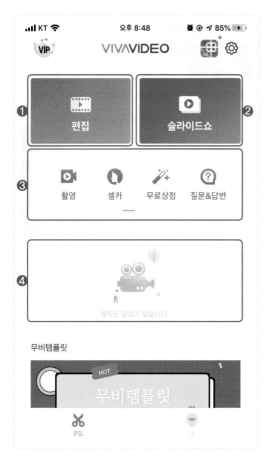

❶ 편집 : 촬영된 동영상을 편집하여 동영상으로 저장할 때 사용하는 메뉴입니다.

❷ 슬라이드쇼 : 촬영된 사진을 동영상처럼 만들 때 사용합니다.

❸ [촬영]은 동영상 촬영을, [셀카]는 셀프카메라로 동영상 촬영을, [무료상점]에서는 다양한 효과들을 다운로드 할 수 있으며 [질문&답변] 메뉴에서는 도움말을 확인할 수 있습니다.

❹ 비바비디오에서 제작하던 동영상이 임시 저장되는 공간입니다. 동영상 편집을 중간에 멈추더라도 나중에 이 곳에서 다시 불러온 다음 이어서 작업할 수 있습니다.

비바비디오 앱 슬라이드쇼(사진으로 만드는 동영상) 제작하기

먼저 난이도가 쉬운 슬라이드쇼부터 만들어봅니다.

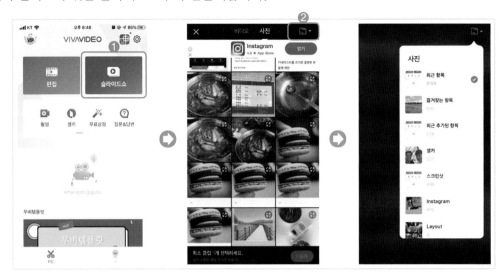

비바비디오 첫화면에서 [슬라이드쇼]를 클릭하면 사진을 선택할 수 있는 앨범(갤러리)창이 열립니다. 여기에서 동영상으로 만들고 싶은 사진들을 선택해줍니다. 원하는 사진을 찾기가 어렵다면 우측 상단에 있는 메뉴를 클릭하여 앨범별로 선택할 수 있습니다.

여기서 잠깐!

최상단 메뉴에 있는 '비디오'탭을 활용해 동영상과 사진을 섞어 배치하면 사진과 동영상이 혼합된 재미있는 동영상을 만들 수 있습니다.

필요한만큼의 사진을 순서대로 선택하면 아래쪽에 사진이 추가됩니다. 나중에 동영상으로 만들어졌을 때 번호 순서대로 재생되므로 사진의 순서에 유의해야 합니다. 아래쪽에서 사진을 꾹 누르면 순서를 바꿀 수 있습니다. 사진 선택이 완료되면 [다음에] 버튼을 누릅니다.

비바비디오 앱 슬라이드쇼 편집화면 살펴보기

❶ 동영상 제작을 취소합니다.

❷ 되돌리기, 되돌리기 취소 기능입니다.

❸ 편집하던 동영상을 임시 저장할 때 사용합니다.

❹ 작업이 완료된 후 동영상을 저장합니다.

❺ 슬라이드쇼에서는 각 사진의 길이를 변경할 수 있습니다. 기본 설정은 사진 하나당 3초 재생이며 모든 사진의 길이를 일괄적으로 변경하거나 나중에 클립편집 메뉴에서 사진별로 길이를 다르게 설정할 수 있습니다.

❻ 편집하는 영상을 재생하는 버튼입니다. 편집한 영상이 어떤 화면으로 저장될지 미리 볼 수 있습니다.

❼ 비바비디오 영상 편집 메뉴들입니다.

❶ 타이틀 메뉴

타이틀(테마) 기능은 동영상 전체를 편리하게 제작해주는 도구입니다. vlog, 사랑, 여행, 스타일 등 다양한 카테고리들이 있으며 카테고리 안에 여러 개의 테마들을 볼 수 있습니다. 테마를 선택하면 자막스타일, 배경음악, 화면전환효과 등 전체적인 동영상의 분위기가 바뀝니다. 따라서 만들고자하는 동영상 분위기에 잘 어울리는 테마를 고르면 영상 편집이 대단히 쉬워집니다. 다양한 테마들이 있으니 여유를 갖고 하나씩 살펴보세요.

❷ 뮤직 메뉴

❶ 동영상 화면과 함께 적용된 음악을 미리 들어
봅니다.

❷ 타이틀 또는 선택한 동영상에서 재생되는 음
악의 소리 크기를 결정합니다.

❸ 설정한 배경음악의 소리 크기를 결정합니다.

❹ [음악 수정]을 누르면 배경 음악을 다른 음악
으로 설정할 수 있습니다.

❸ 음악 수정하기

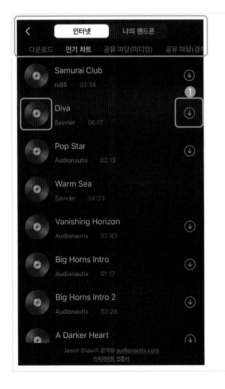

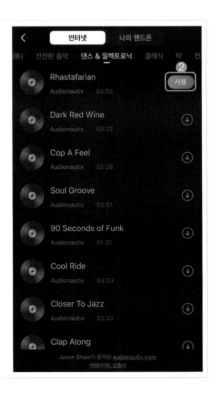

비바비디오 앱에는 다양한 음악들이 기본적으로 제공됩니다. 상단 메뉴에서 [인터넷] 탭으로 들어가면 인기 차트를 비롯해 미디엄 템포, 경쾌 등 여러 개의 카테고리에서 주제에 맞는 음악을 찾을 수 있습니다. 또한 [나의 핸드폰] 탭에서는 자신의 스마트폰에 저장된 음악을 동영상에 삽입할 수 있습니다.

'LP판' 버튼을 누르면 해당 음악을 미리 들어볼 수 있습니다. 마음에 드는 음악을 찾았다면 오른쪽에 있는 '다운로드' 버튼을 선택한 후 [사용] 버튼을 눌러 동영상에 삽입합니다.

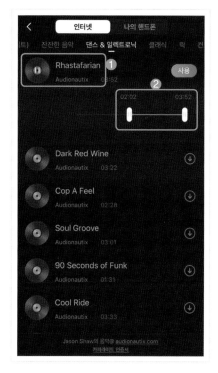

음악을 다운로드 한 후 제목을 누르면 음악의 구간을 선택할 수 있습니다. 원하는 음악 구간을 결정하여 동영상에 삽입하면 더욱 효과적인 배경음악 연출이 가능합니다.

❹ 클립 편집

클립은 동영상을 만들기 위한 재료입니다. 사진으로 동영상을 만드는 슬라이드쇼에서는 사진 하나가 하나의 클립이 됩니다. 클립 편집 메뉴는 각 사진을 세부적으로 수정할 수 있는 기능을 갖추고 있습니다.

- 필터 : 각 사진에 필터를 적용합니다.
- 비율 및 배경 : 선택된 클립의 비율을 변경합니다(예 : 1:1 비율 등).
- 길이 : 각 사진이 재생되는 시간을 결정합니다(기본 3초).
- 나누기 : 사진은 클립을 나눌 수 없습니다.
- 복제 : 선택된 사진을 복제하여 똑같은 클립을 뒤에 추가합니다.
- 속도 : 사진은 속도 조절을 할 수 없습니다.
- 조정 : 유료 버전에서만 쓸 수 있는 기능으로 사진을 세밀하게 보정하는 기능입니다.
- 반전 : 반대로 재생하는 기능으로 사진은 반대로 재생할 수 없습니다.
- 무음 : 사진은 원래 소리가 녹음되지 않으므로 무음이 비활성화 되어 있습니다.
- 회전 : 사진을 90도 각도로 회전시킵니다.
- 장면전환 : 각 클립(사진)이 바뀔 때 장면 전환 효과를 넣습니다.
- 사진 동작 : 각 사진이 어떻게 나타날지(또는 사라질지) 결정합니다. 사진 동작을 선택하면 사진이 점점 작아지거나 커지는 효과(캔버닝 효과)가 들어갑니다.
- 선택 : 여러 개의 사진을 선택합니다.
- 클립 순서 : 나타나는 사진의 순서를 바꿉니다.
- 목소리 변조 : 유료 버전에서만 쓸 수 있는 기능으로 녹음된 목소리를 변조합니다.

❺ 효과

효과는 동영상에 다양한 효과를 줍니다. 여러 개의 음악을 넣거나(다중 음악) 스티커를 넣고, 반짝거리는 특수효과와 목소리 녹음(더빙) 등을 할 수 있습니다.

- 다중 음악 : 하나가 아닌 여러 개의 음악을 겹쳐서 넣을 수 있습니다.
- 텍스트 : 동영상 구간마다 글자를 넣는 기능입니다.
- 모자이크 : 특정 구간을 모자이크 처리합니다(유료 기능).
- 워터마크 : 자신만의 워터마크를 넣습니다(유료 기능).
- 스티커 : 각종 스티커를 동영상에 삽입합니다.
- 사진 삽입 : 동영상 사이에 사진을 삽입할 때 사용합니다.
- 특수효과 : 애니메이션 효과 등 다양한 특수효과를 넣을 수 있습니다.
- 더빙/효과음 : 자신의 목소리를 동영상에 나레이션처럼 녹음해서 넣거나 여러 가지 효과음을 삽입합니다.

비바비디오 앱으로 동영상 편집하기

이제 스마트폰으로 촬영한 동영상을 활용한 동영상 편집을 할 차례입니다.

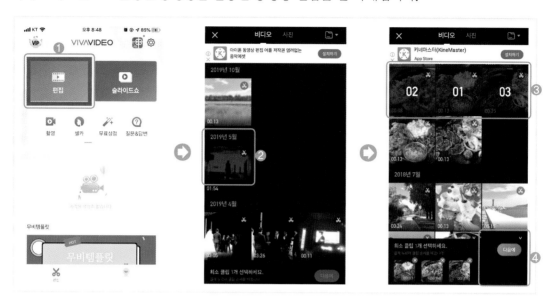

비바비디오 첫화면에서 편집을 클릭하면 앨범(갤러리)에서 동영상을 선택할 수 있는 창이 열립니다. 여기에서 편집하고자하는 동영상을 순서대로 선택해줍니다. 그리고 [다음에]를 클릭하여 편집 화면으로 넘어갑니다.

이후 편집 화면과 방식은 몇 가지를 제외하면 슬라이드쇼를 만들 때와 대부분 같습니다.

비바비디오 앱 동영상 편집화면 살펴보기

> **여기서 잠깐!**
>
> 사진을 편집하는 것이 아니므로 '사진 길이 변경' 메뉴가 나타나지 않습니다.

❶ 동영상 제작을 취소합니다.

❷ 되돌리기, 되돌리기 취소 기능입니다.

❸ 편집하던 동영상을 임시 저장할 때 사용합니다.

❹ 작업이 완료된 후 동영상을 저장합니다.

❺ 편집하는 영상을 재생하는 버튼입니다. 편집한 영상이 어떤 화면으로 저장될지 미리 볼 수 있습니다.

❻ 비바비디오 영상 편집 메뉴들입니다.

❶ 타이틀 메뉴

비바타이틀(테마) 기능은 동영상 전체를 편리하게 제작해주는 도구입니다. vlog, 사랑, 여행, 스타일 등 다양한 카테고리들이 있으며 카테고리 안에 여러 개의 테마들을 볼 수 있습니다. 테마를 선택하면 자막 스타일, 배경음악, 화면전환효과 등 전체적인 동영상의 분위기가 바뀝니다. 따라서 만들고자하는 동영상 분위기에 잘 어울리는 테마를 고르면 영상 편집이 대단히 쉬워집니다. 다양한 테마들이 있으니 여유를 갖고 하나씩 살펴보세요. 테마를 사용하고 싶지 않다면 '없음' 테마를 선택하세요.

❷ 뮤직 메뉴

❶ 동영상 화면과 함께 적용된 음악을 미리 들어봅니다.

❷ 오리지널 음악은 타이틀 또는 선택한 동영상에서 재생되는 음악의 소리 크기를 결정합니다.

❸ 음악은 설정한 배경음악의 소리 크기를 결정합니다.

❹ 음악 추가를 누르면 배경음악을 원하는 음악으로 설정할 수 있습니다. 비디오에서 음악 추출하기는 다른 동영상에서 배경음악을 추출하는 기능으로 유료 기능입니다.

여기서 잠깐!

슬라이드쇼와는 다르게 동영상에는 기본적으로 음악 또는 목소리 등이 포함되어 있으므로 배경음악과 녹음된 소리의 크기를 적당하게 조절해줘야 합니다. ❷와 ❸의 소리를 적절하게 조절하여 배경음악과 동영상의 소리가 자연스럽게 어울리도록 만들어보세요.

❸ 음악 수정하기

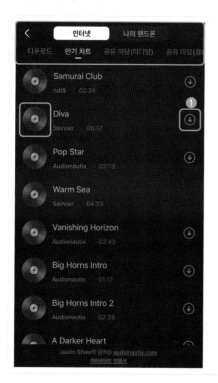
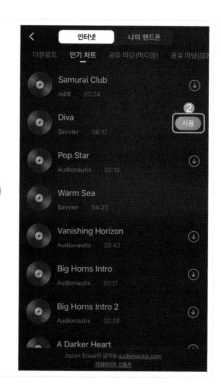

비바비디오 앱에는 다양한 음악들이 기본적으로 제공됩니다. 상단 메뉴에서 [인터넷] 탭으로 들어가면 인기 차트를 비롯해 미디엄 템포, 경쾌 등 여러 개의 카테고리에서 주제에 맞는 음악을 찾을 수 있습니다. 또한 [나의 핸드폰] 탭에서는 자신의 스마트폰에 저장된 음악을 동영상에 삽입할 수 있습니다.

'LP판' 버튼을 누르면 해당 음악을 미리 들어볼 수 있습니다. 마음에 드는 음악을 찾았다면 오른쪽에 있는 '다운로드' 버튼을 선택한 후 [사용] 버튼을 눌러 동영상에 삽입합니다.

음악을 다운로드 한 후 제목을 누르면 음악의 구간을 선택할 수 있습니다. 원하는 음악 구간을 결정하여 동영상에 삽입하면 더욱 효과적인 배경음악 연출이 가능합니다.

❹ 클립 편집

클립은 동영상을 만들기 위한 재료입니다. 동영상을 여러 개 연결하여 만드는 동영상 편집에서는 선택된 동영상 각각이 하나의 클립이 됩니다. 각 클립별로 다양한 설정을 할 수 있습니다.

· 필터 : 각 동영상에 필터를 적용합니다.

· 비율 및 배경 : 선택된 클립의 비율을 변경합니다(예 : 1:1 비율 등).

· 자르기 : 현재 선택된 동영상 클립을 원하는 구간으로 잘라냅니다.

· 나누기 : 선택된 동영상 클립을 나누어 클립 2개로 분리시킵니다.

· 복제 : 선택된 동영상을 복제하여 똑같은 클립을 뒤에 추가합니다.

· 속도 : 선택된 동영상 클립의 속도를 조절하여 빠르게 혹은 느리게 보이도록 만듭니다.

· 조정 : 유료 버전에서만 쓸 수 있는 기능으로 동영상을 세밀하게 보정하는 기능입니다.

· 반전 : 동영상을 처음부터가 아닌 뒤에서부터 재생합니다(영상을 반전하면 영상안의 소리는 무음처리 됩니다).

· 무음 : 동영상 자체에 녹음된 소리를 무음처리 합니다.

· 회전 : 동영상을 90도 각도로 회전시킵니다.

· 장면전환 : 각 클립(동영상)이 바뀔 때 장면 전환 효과를 넣습니다.

· 사진 동작 : 동영상 편집에서는 사진 동작이 비활성화 됩니다.

· 선택 : 여러 개의 동영상을 선택합니다.

· 클립 순서 : 나타나는 동영상의 순서를 바꿉니다.

· 목소리 변조 : 유료 버전에서만 쓸 수 있는 기능으로 녹음된 목소리를 변조합니다.

❺ 효과

슬라이드쇼에서 활용했던 기능과 동일합니다.

효과는 동영상에 다양한 효과를 줍니다. 여러 개의 음악을 넣거나(다중 음악) 스티커를 넣고, 반짝거리는 특수효과와 목소리 녹음(더빙) 등을 할 수 있습니다.

· 다중 음악 : 하나가 아닌 여러 개의 음악을 겹쳐서 넣을 수 있습니다.

· 텍스트 : 동영상 구간마다 글자를 넣는 기능입니다.

· 모자이크 : 특정 구간을 모자이크 처리 합니다(유료 기능).

· 워터마크 : 자신만의 워터마크를 넣습니다(유료 기능).

· 스티커 : 각종 스티커를 동영상에 삽입합니다.

· 사진 삽입 : 동영상 사이에 사진을 삽입할 때 사용합니다.

· 특수효과 : 애니메이션 효과 등 다양한 특수효과를 넣을 수 있습니다.

· 더빙/효과음 : 자신의 목소리를 동영상에 나레이션처럼 녹음해서 넣거나 여러 가지 효과음을 삽입합니다.

알아두면 유용한 무료 이미지 사이트

콘텐츠가 중요해진 오늘날에는 단순한 텍스트(글)보다 이미지 또는 동영상 형태의 직관적인 정보 전달이 필요합니다. 때로는 10줄의 문장보다 한 장의 사진이 더 효과적일 수 있습니다. 업무에서 프레젠테이션을 할 때, 다양한 SNS 활동에서, 홍보나 마케팅을 위한 SNS용 카드뉴스 제작에서, 풍성한 정보를 전달하기 위해 블로그에 쓸 사진이 필요할 때, 좋은 글귀의 예쁜 배경이 필요할 때 등 이미지가 필요한 경우가 많습니다. 그러나 이런 이미지들을 전부 직접 촬영해서 써야한다면 콘텐츠 제작이 대단히 어려워지겠죠?

사진은 저작권이 있는 저작물이므로 사용에 유의해야 합니다. 개인적인 목적으로 사용했다고 하더라도 추후에 저작권 문제가 발생할 수 있습니다. 이러한 사진이 필요할 땐 저작권이 자유로우면서도 무료로 이용할 수 있는 이미지 사이트를 이용하면 유용한데요. 무료이면서도 고품질의 사진을 자유롭게 이용할 수 있는 무료 이미지 사이트를 소개합니다.

> 아래 소개할 사이트들의 사진은 저작권이 자유롭지만, 저작권이 아예 없는 사진들은 아닙니다(저작권이 없는 사진이라는 표현은 다소 오류가 있는 표현입니다). 모든 콘텐츠에는 저작권이 있으며 사진의 경우 촬영자가 저작권을 가집니다. 따라서 상업 목적으로 사용할 수 있는 사진이라고 하더라도 사진 자체를 재판매하는 행위는 금지됩니다. 미리 저작권을 확인하고 다운로드 후 사용하세요.

1. pixabay (https://pixabay.com)

많은 분들에게 널리 알려진 픽사베이는 무료 이미지 사이트 중에서 가장 쉽게 접근할 수 있는 사이트입니다. 99만장 이상의 사진과 이미지를 보유하고 있으며 일러스트와 무료 동영상 소스까지 갖추고 있어 유용한 사이트입니다. 많은 사진 데이터를 갖추었기에 원하는 사진을 찾기 쉬운 것이 장점입니다.

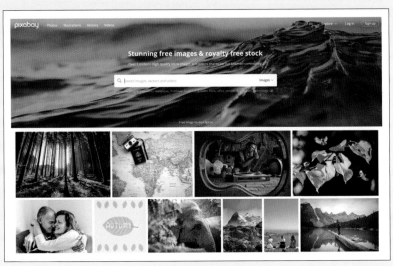

· **pixabay 장점 :** 방대한 사진 자료 보유, 무료 사진뿐만 아니라 일러스트와 동영상 자료까지 찾을 수 있습니다. 해외 사이트지만 한글로도 검색이 가능, 해당 사진의 카메라와 설정값, 촬영 날짜와 해상도를 확인할 수 있습니다

· **pixabay 단점 :** 로그인을 하지 않은 상태에서는 사진 다운로드시 번거로운 '로봇 아님'절차를 거쳐야합니다. 셔터스톡 스폰서 광고 표시, 종종 도네이션(기부 형태)을 요청하는 메시지 창이 나타납니다

> 한글로 검색이 가능하지만, 해외 사이트 특성상 영어로 검색할 경우 더 정확한 결과를 얻을 수 있습니다.

각 사진의 오른쪽에서 저작권을 확인할 수 있습니다. 대부분의 사진을 상업적으로 사용할 수 있으며 저작권자 표시를 하지 않아도 되는 라이선스입니다. 하지만 가끔 상업 목적으로 사용할 수 없거나 저작권자를 꼭 표시해야 하는 사진들도 있으니 꼭 확인한 후 사용하세요.

· **Free for commercial use :** 상업 목적으로도 사진을 활용할 수 있습니다.

· **No attribution required :** 사진을 사용할 때 저작권자를 표시하지 않아도 됩니다.

· **Free for non-commercial use :** 비상업적 목적으로만 활용할 수 있습니다.

· **attribution required :** 사진을 사용할 때 사용하는 곳에 저작권자를 꼭 표시해야 합니다.

2. unsplash (https://unsplash.com)

unslpash는 제가 자주 사용하는 사이트입니다. 감각적이면서도 아름다운 사진들이 많은 사이트입니다. 특히 최신 사진 트렌드에 걸맞는 이미지들이 많아 사진 촬영을 할 때에도 많은 참고가 되는데요. pixabay가 다양한 사진들을 갖추고 있다면 unsplash에서는 감성을 자극하는 고품질의 사진들을 찾을 수 있습니다. 전세계 사진 작가들이 공유한 멋진 사진들을 감상해보고 자신의 콘텐츠에 활용해보세요.

· **unsplash 장점** : 고품질의 다양한 사진 보유, 감각적이고 트랜디한 사진 다량 보유, 카테고리별로 사진을 분류해두어 원하는 사진을 찾기가 쉽고 고해상도의 사진들로 어떤 곳에서 사용해도 화질 문제를 최소화할 수 있습니다. 인물 사진이 많습니다.
· **unsplash 단점** : 한글로 검색은 가능하나 검색결과가 거의 없어서 영어로 검색해야 합니다. 상대적으로 세로형 사진이 많아서 가로형 콘텐츠 배경으로 활용하기에 부적절한 경우가 있습니다.

3. picjumbo (https://picjumbo.com)

국내 사용자들에게 블로그용 또는 SNS용 무료 사진 사이트로 알려져 있는 곳입니다. 다른 무료 이미지 사이트들에 비해 상품 사진과 일상 사진들이 많은데요. 실용적인 사진들을 쉽게 구할 수 있다는 점이 picjumbo만의 장점이고, 특히 다른 사이트들과 중복되지 않는 picjumbo에서만 찾을 수 있는 유니크한 사진들이 있어서 둘러볼만 합니다.

- picjumbo **장점 :** 일상용 또는 상품 사진들이 많아서 활용도가 높음, 해당 사이트에서만 구할 수 있는 사진 보유, 다양한 카테고리에서 원하는 사진을 둘러볼 수 있습니다.
- picjumbo **단점 :** 한글 검색이 불가능, 검색결과를 통해 원하는 사진을 찾는 방식이 다소 복잡함, 사진은 무료로 사용할 수 있으나 대부분의 사진에서 저작권자 표시를 요구하고 프리미엄 서비스는 유료 결제가 필요합니다.

위 3가지 사이트들을 둘러보면 원하는 사진을 대부분 찾을 수 있습니다. 하지만 더 많은 무료 이미지 사이트들도 있으니 직접 한 번 둘러보시고 마음에 드는 사이트와 사진들을 골라보세요.

- IM FREE : http://imcreator.com/free
- SplitShire : https://www.splitshire.com/
- function free photos : http://wefunction.com/category/free-photos/

알아두면 유용한 무료 동영상 소스 사이트

요즘 트렌드는 역시 동영상입니다. 유튜브를 중심으로 다양한 분야에서 크리에이터들이 동영상을 촬영하고 편집하며 배우고 있습니다. 이제 주변에서도 쉽게 동영상 촬영하는 분들을 볼 수 있을만큼 영상 제작은 일반화되었는데요. 직접 촬영한 영상을 100% 활용하면 좋겠지만 쉽게 촬영할 수 없는 멋진 영상을 나의 동영상에 섞어준다면 보다 매력적인 영상이 만들어집니다. 실제로 현업에서 영상 작업을 하는 많은 분들이 유료로 판매되는 다양한 영상 클립들을 자신의 영상에 활용합니다. 제작 비용과 시간을 절감할 수 있기 때문이죠. 하지만 일반 사용자가 유료로 판매되는 영상 클립을 사용하기란 쉬운 일이 아닙니다. 사진에 비해 가격이 비싼 까닭입니다. 다행스럽게도 사진처럼 동영상 역시 무료로 이용할 수 있는 사이트들이 있습니다.

1. pixabay (https://pixabay.com)

무료 사진 사이트이면서 무료 동영상 소스를 이용할 수 있기 사이트입니다. 다양한 영상 소스를 가지고 있으면서도 상업적 용도로도 활용 가능한 영상 클립들이 많아서 유용한 사이트죠. 출처를 밝히지 않아도 사용할 수 있다는 것도 장점입니다.

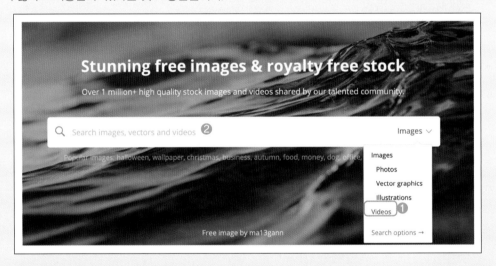

pixabay에서 검색할 때 검색창 우측에 있는 메뉴를 눌러 'Videos'로 바꾼 뒤 검색하면 동영상 소스를 골라낼 수 있습니다. 한글로도 검색이 가능해서 누구나 편리하게 이용할 수 있는 곳입니다. 인트로, 애니메이션, 여러 가지 효과 등 멋진 영상 소스들이 여러분들을 기다리고 있습니다.

2. pexels (https://www.pexels.com/videos/)

대단히 멋진 영상들을 두루 갖추고 있는 사이트로 거의 모든 동영상을 상업적으로 활용할 수 있으며 저작권자 표시를 하지 않아도 되는 라이선스입니다. 태그별로 분류가 잘 되어 있어서 원하는 영상을 찾기가 수월합니다. 아름다운 영상 클립들이 많으며 pixabay와 종종 겹치는 영상 클립이 있습니다.

https://www.pexels.com/ 으로 접속하면 무료로 활용할 수 있는 이미지 사이트로 접속됩니다.

3. vidlery (http://vidlery.com)

일반적인 영상이 아니라 애니메이션 영상만을 취급하는 재미있는 사이트입니다. 만화 스타일의 다양한 애니메이션 영상 클립들을 보유하고 있어서 홈페이지용이나 디자인 작업에 특히 유용한 사이트입니다. CC0 라이선스를 이용하기 때문에 상업 목적으로 활용할 수 있으며 저작권 표시 없이도 마음껏 사용할 수 있습니다.

무료 동영상 소스 사이트는 무료 사진 사이트만큼 다양하지 않고 사용할 수 있는 클립들이 제한적입니다. 하지만 무료 동영상 소스 사이트에서도 전세계 영상 크리에이터들이 촬영한 멋진 영상 클립들이 있으니 자신의 영상에 적절하게 활용해보세요.

05 : 즉석으로 정보를 만드는 인스타그램

1. 왜 인스타그램인가?

인스타그램(Instagram)은 소셜네트워크서비스(SNS)의 한 종류입니다. 페이스북과 더불어 전세계에서 가장 인기있는 SNS이고 많은 사용자 수를 갖고 있습니다. 인스타그램의 대표적인 특징은 예쁘게 보이는 사진을 기반으로 한 시각적인 매체라는 점입니다. 이미지의 비중이 높으며 사진을 올리지 않는다면 글도 올릴 수 없는 시스템이죠. 이러한 특성으로 인해 인스타그램에서는 글보다 사진의 품질이 매우 중요합니다. 국내뿐만 아니라 전세계의 사용자들이 사진(또는 동영상)으로 사람들과 가볍게 소통하는 공간입니다.

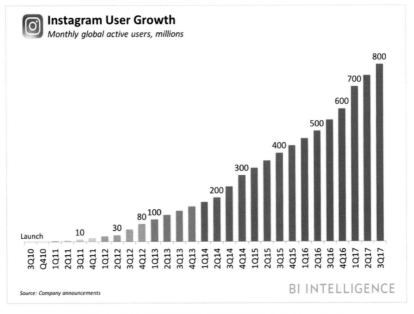

▲ 인스타그램 분기별 월간 사용자 증가표 (출처 : Lyfe Marketing)

인스타그램을 주목해야 하는 이유는 이용률 성장 폭이 가장 크기 때문입니다. 전세계적으로 인스타그램 사용자 수는 꾸준히 늘고 있습니다. 국내에서도 이용자가 급격하게 늘어나고 있으며, 인스타그램 특유의 감성과 편리한 사용법으로 인해 크리에이터들에게도 필수적인 SNS로 손꼽힙니다.

10억 개+

매월 활발하게 활동하는 전 세계 Instagram 계정 수[1]

80%

Instagram에서 비즈니스 계정을 팔로우하는 계정의 비율[2]

5억 개+

매일 Instagram 스토리를 사용하는 계정 수[3]

　　매월 활발하게 활동하는 인스타그램의 계정 수는 10억개 이상이며 특히 비즈니스 계정을 팔로우하는 비율이 80%가 넘습니다. 스토리 기능(인스타그램 자체 기능으로 24시간 뒤에 자동으로 지워지는 단발성 게시물)을 매일 이용하는 계정은 5억 개가 넘을 만큼 인기입니다.

Instagram을 선택해야 하는 이유

사람들은 브랜드와 비즈니스의 콘텐츠를 비롯하여 관심 있는 내용을 찾아보고 연결을 얻기 위해 Instagram을 사용합니다.

60%	2억+
Instagram에서 새로운 제품을 찾는 사람의 비율	매일 최소 1개의 비즈니스 프로필을 방문하는 인스타그래머 수[4]
80%	1/3
Instagram에서 동영상 시청 시간 증가율[5]	가장 많이 조회된 스토리 중 비즈니스 스토리의 비율[6]

　　사람들은 광고에 거부감을 느끼지만 인스타그램 광고 게시물은 마치 친구가 이야기하는 추천 글처럼 보이면서 광고가 아닌 진정성 있는 게시물처럼 보이기 때문에 자사의 제품을 판매하거나 서비스를 마케팅하고자 하는 기업들이 인스타그램에 대거 참여하고 있습니다. 콘텐츠 제작자인 크리에이터들에게도 자신의 콘텐츠를 많은 사람들에게 소개하고 홍보할 수 있는 수단으로 자리 잡았습니다. 국내를 포함한 많은 사진 작가들과 동영상 크리에이터, 그리고 유명 유튜버에 이르기까지 크리에이터들이 소통하는 공간이 바로 인스타그램입니다.

▲ 국내 SNS 사용자의 이용 서비스 순위 (출처 : zdnet)

위 그림에서 보듯이 국내에서는 페이스북 다음으로 많은 사용자가 활동하는 SNS입니다. 페이스북은 자타공인 가장 훌륭한 SNS지만 상호간 친구관계를 맺어야하고, 좋아요나 댓글을 남길 경우 내 친구들에게도 게시물이 공유될 수 있는 가능성이 높아서 남들에게 오픈하지 않고 조금 비밀스럽게 SNS 활동을 하고 싶은 국내 사용자들에게는 다소 부담스러운 서비스였습니다. 반면에 인스타그램은 비공개 계정으로도 얼마든지 활동할 수 있으며 자신이 좋아하는 사람들을 팔로우해 두고 좋아요와 댓글을 마음껏 남겨도 해당 게시물이 친구들에게 자동으로 공유되지 않으므로 페이스북이 부담스럽고 어려웠던 국내 사용자들에게 환영받는 중입니다.

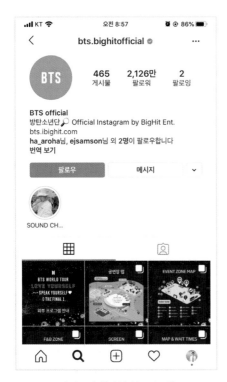

▲ 방탄소년단(가수) 인스타그램

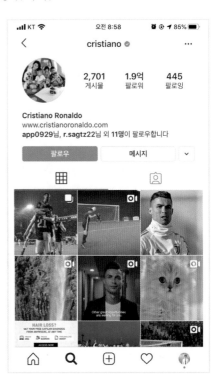

▲ 크리스티아노 호날두(축구 선수) 인스타그램

연예인들을 비롯해 많은 인플루언서들이 인스타그램을 통해 팔로워들과 소통하며 자신의 일상을 마음껏 소개하고 있으며 사용자들은 그동안 소통하기 어려웠던 유명인들과도 인스타그램을 통해 얼마든지 소통하고 그들의 이야기를 들으며 공유할 수 있습니다.

2. 인스타그램의 장점 5가지

인스타그램이라는 이름은 즉석이라는 의미의 인스턴트(Instant)와 전보를 발송한다는 의미의 텔레그램(Telegram)의 합성어입니다. 즉, 인스타그램 자체가 정보를 즉석으로 만들어서 바로 보낸다는 의미를 가지고 있습니다. 단순하면서도 신속하게 콘텐츠를 만들어 바로 올릴 수 있는 SNS인만큼 바쁜 현대인들에게 적합한 스타일이죠. 글보다는 이미지를 기반으로 한 SNS인만큼 빠르게 정보를 확인할 수 있다는 점이 매력이며 이런 부분은 콘텐츠를 제작하는 크리에이터와 콘텐츠를 소비하는 소비자 모두에게 이로운 시스템입니다. 만드는 사람 입장에서는 콘텐츠 제작 시간을 대폭 줄일 수 있고 마찬가지로 소비자 입장에서도 콘텐츠를 소비하는 시간을 줄일 수 있으면서도 똑같은 정보를 확인할 수 있는 셈입니다.

인스타그램의 장점은 다음과 같이 5가지로 요약할 수 있습니다.

- · 이미지 기반의 직관적 시스템
- · 모바일 전용 SNS
- · 높은 참여율
- · 실시간으로 정보를 공유하는 공간
- · 사용하기 쉬운 편의성

이미지 기반의 직관적 시스템

▲ 인스타그램에서 흔히 볼 수 있는 사진들

인스타그램은 사진과 동영상 등 이미지를 기반으로 한 SNS인만큼 화려하고 아름다우며 시각적으로 자극적인 곳입니다. 평범하고 무난한 사진보다는 간단하면서도 재미있는 콘텐츠들이 많습니다. 이미지를 예쁘게 꾸미는 건 인스타그램에선 필수적인데요. 인스타그램 자체에서 제공하는 사진 필터 기능만으로도 예쁜 사진을 연출할 수 있습니다. 이미지를 기반으로 하는 특성상 글보다는 사진에 중점을 두고 콘텐츠를 제작해야 합니다. 글쓰기를 어려워하는 사람들과 긴 글을 읽어야만 내용을 이해할 수 있는 콘텐츠와는 다르게 사진 한 장(혹은 여러장)으로도 충분히 정보를 전달할 수 있어서 매우 편리한 SNS입니다.

실시간으로 정보를 공유하는 공간

인스타그램은 이름 자체부터 즉석 정보에 포커스를 두고 있으므로 실시간 정보가 빠르게 공유됩니다. 블로그 검색 결과는 예전 글과 최신 글이 마구 뒤섞여 나오는 구조적인 문제가 있죠. 하지만 인스타그램은 보통 최신 글 위주로 표시되며 콘텐츠의 흐름이 매우 빨라서 잘 만들어진 큰 덩어리 콘텐츠 1개보다 완성도는 낮더라도 실시간으로 올릴 수 있는 작은 콘텐츠 여러 개를 만듭니다. 정보와 콘텐츠는 실시간성이 매우 중요합니다. 스키장 할인 이벤트 정보를 8월에 올린다면 별다른 도움이 되지 않겠죠? 예쁜 벚꽃이 피어나는 숨은 명소를 11월에 올리면 큰 호응을 얻지 못할 것입니다. 콘텐츠에서 타이밍은 정확도와 같은 말입니다. 인스타그램에서 정보를 확인하면 대체로 정확하며 그 사진에서 보았던 것과 똑같은 경험을 할 수 있기 때문에 요즘에는 블로그 검색이 아니라 인스타그램 자체에서 검색하여 정보를 찾는 사람들이 많습니다.

모바일 전용 SNS

▲ 인스타그램은 모바일에서 모든 작업이 이뤄집니다

인스타그램은 모바일 전용 SNS입니다. PC에서 인스타그램에 접속할 수는 있지만 게시물은 올릴 수는 없도록 만들어졌죠. 인스타그램을 사용하는 대다수의 사용자가 스마트폰으로만 인스타그램에 접속합니다. 모바일 전용 SNS 특성을 살려 작은 화면에서도 예쁘게 보이도록 디자인되어 있는데다 불필요하고 어려운 기능들이 거의 없습니다. 전문가용 촬영 장비나 비싼 컴퓨터 또는 노트북이 없더라도 스마트폰 하나만으로 얼마든지 인스타그램에서 크리에이티브한 콘텐츠를 제작하고 공유할 수 있다는 의미입니다.

사용하기 쉬운 편의성

인스타그램은 모바일 전용 SNS라는 점에서 출발해 기능들이 대단히 단순한 편입니다. 기능이 복잡하면 모바일에서 제대로 활용하기 어렵기 때문이죠. 올리고 싶은 사진을 선택하고, 사진에 필터를 적용하고, 간단하게 글을 쓴 다음 공유 버튼을 누르는 것 만으로도 인스타그램에서 할 일은 마무리됩니다. 블로그 콘텐츠는 검색에 기반을 두고 있어서 글을 많이 써야하므로 하나의 콘텐츠를 만드는데 보통 30분에서 1시간 정도 걸립니다. 유튜브 동영상은 영상 촬영에서부터 편집까지 모두 해야 하니 3~4시간은 기본적으로 필요하죠. 반면에 인스타그램은 사진 몇 장과 간단한 글만으로 콘텐츠 제작이 끝나기 때문에 상대적으로 활용하기 쉬운 SNS입니다. 많은 크리에이터들이 페이스북과 블로그, 유튜브보다 인스타그램을 우선적으로 고려하는 이유 역시 사용하기 쉬운 편의성에 기반합니다.

높은 참여율

크리에이터 입장에서 인스타그램을 주목할 만한 이유는 높은 참여율입니다. 즉, 구독자들이 좋아요와 댓글을 부담 없이 남길 수 있는 구조이기 때문에 소통 면에서 유리합니다. 블로그 글에서 댓글을 받는 건 쉬운 일이 아닙니다. 페이스북도 친분관계가 없다면 쉽게 댓글을 남기지 않고 단순히 콘텐츠를 구경만 하는 경우가 많죠. 좋아요를 누르지 않는 사용자도 정말 많습니다. 그러나 인스타그램만은 사용자들이 좋아요와 댓글을 적극적으로 누르며 서로 소통하려고 합니다. 똑같은 게시물이라도 다른 SNS에 비해 더 많은 좋아요와 댓글을 받을 수 있다는 점이 인스타그램의 최대 장점이라 하겠습니다.

3. 인스타그램 콘텐츠의 종류

이미지를 기반으로 하는 인스타그램에는 업로드할 수 있는 콘텐츠의 종류가 제한적입니다. 게시물 하나를 작성하기 위해서는 사진 또는 동영상이 반드시 필요하며 단순히 글만 작성하는 것은 허용하지 않고 있습니다.

A. 사진 없이 글만 쓰고 싶다면 글을 쓴 화면을 캡처해서 이미지로 올리는 방법이 있습니다. 시(詩)를 쓰는 시인들과 감성 글을 공유하는 크리에이터들이 인스타그램에서 자신들의 콘텐츠를 공유할 때 선호하는 방법입니다.

따라서 인스타그램에서 중점이 되는 것은 사진(또는 동영상)이며 거기에 이어지는 글은 부차적인 내용입니다. 과거에는 인스타그램에 사진을 정사각형(1:1 비율)으로만 올릴 수 있었는데 이제는 크리에이터들이 선택할 수 있도록 바뀌었습니다. 인스타그램에 업로드 할 수 있는 사진 스타일은 총 3가지가 있습니다.

▲ 인스타그램에 올릴 수 있는 사진 스타일 3가지

A. 사진을 원본으로 올리는 방법은 Step 6 인스타그램 기본 기능편(106쪽)에 나옵니다.

❶ 가로형(Landscape) : 가로형 사진은 랜드스케이프(Landscape)라고 부릅니다. 인스타그램에선 1.91:1 비율을 권장하지만 16:9 비율로도 업로드할 수 있습니다. 쉽게 이야기해서 스마트폰을 가로로 놓고 찍은 사진 전체를 그대로 올릴 수 있습니다. 보통 풍경 사진처럼 넓게 촬영된 장면을 보여줄 때 적합한 스타일입니다. 한 화면에서 사진과 글 모두를 보여줄 수 있기 때문에 사진보다는 설명 글로 무언가를 표현하고 싶을 때 사용하면 효과적입니다.

❷ 정사각형(Square) : 정사각형 사진은 스퀘어(Square)입니다. 1:1 비율이며 인스타그램에서 가장 많이 볼 수 있는 스타일입니다. 실제로 인스타그램에 잘 어울리는 비율이며 인스타그램을 상징하는 비율이기도 합니다. 촬영할 때부터 정사각형으로 촬영할 수도 있지만, 보통은 편집의 유리함을 가져가기 위해 가로 혹은 세로로 먼저 촬영하고 나중에 편집으로 1:1 비율로 만드는 게 일반적입니다. 대다수의 사용자들이 선호하는 비율이며 스마트폰에서도 예쁘게 보이는 크기입니다. 정사각형은 어떤 주제에도 잘 어울리며 한 화면에서 사진을 어느정도 크게 보여주면서도 글까지 일부 보여줄 수 있기 때문에 여러 가지 측면에서 효과적인 비율이라고 할 수 있습니다. 어떤 스타일로 인스타그램에 사진을 올려야할지 고민된다면 정사각형을 골라보세요.

> **독자 Q&A**　**Q 사진을 1:1 비율로 바꾸고 싶어요!**
> --
>
> **A.** 사진을 1:1 비율로 만드는 방법은 Step 4 사진 자르기 및 회전 편(50쪽)을 참고하세요.

❸ 세로형(Portrait) : 세로형 사진은 인물 사진에 특화된 비율입니다. 4:5 비율로 올릴 수 있으며 한 화면을 사진으로 꽉 채워줍니다. 따라서 사진과 함께 작성한 글은 스크롤을 내려야 확인할 수 있으며 보통은 사진 자체만으로 뭔가를 표현하고자할 때 사용하는 비율입니다. 인물 사진 또는 세로로 촬영한 제품 사진 등에 잘 어울리며 홍보성 목적일 경우에는 사진에 글자를 삽입하여 포스터처럼 만들면 원하는 결과를 얻을 수 있습니다. 인스타그램에서 활동하는 사진 작가들, 특히 인물 사진 작가들이 선호하는 비율입니다.

> **독자 Q&A**　**Q 스마트폰을 세로로 찍으면 비율은 얼마인가요?**
> --
>
> **A.** 별다른 설정을 하지 않은 상태에서 스마트폰으로 세로 사진을 촬영할 경우 비율은 9:16입니다. 이 사진을 인스타그램에 세로형으로 올리게되면 아래위가 아주 살짝 잘려나갑니다. 따라서 세로 사진을 그대로 올리고 싶다면 처음 촬영할 때부터 아래위에 약간의 여백을 남겨두는게 좋은 방법입니다.

06 : 인스타그램으로 SNS 크리에이터 도전하기

1. 인스타그램 앱 설치하기

인스타그램을 이용하기 위해서는 먼저 인스타그램 앱을 설치하고 회원가입을 진행해야 합니다. 스마트폰에 인스타그램을 설치할 수 있으며 누구나 무료로 가입 후 이용할 수 있습니다.

앱스토어(아이폰) 또는 Play스토어(안드로이드)에 접속하여 검색창에 '인스타그램' 또는 영어로 'Instagram'이라고 검색하여 앱을 찾은 다음 [설치] 버튼을 눌러 설치합니다.

2. 인스타그램 회원가입하기

이제 설치된 인스타그램 앱을 실행하여 회원가입을 진행할 차례입니다. 인스타그램 회원가입은 간편하게 끝나며 누구나 쉽게 계정을 생성하여 SNS 세계를 탐험할 수 있습니다.

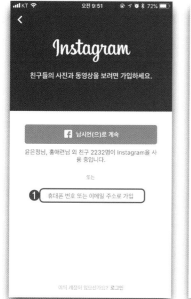

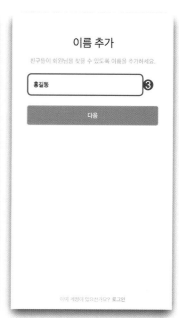

▲ 인스타그램 회원가입 절차

인스타그램과 페이스북은 서로 다른 SNS지만 운영하는 회사는 같습니다. 따라서 페이스북 계정이 있다면 인스타그램 계정을 보다 손쉽게 생성하고 연동할 수 있습니다. 페이스북 계정이 없다고 하더라도 휴대폰 번호 또는 이메일 주소로 계정을 생성할 수 있으며, 여기에서는 휴대폰 번호로 가입하는 방법을 소개합니다.

❶ 먼저 아래쪽에 있는 '휴대폰 번호 또는 이메일 주소로 가입'을 선택합니다.

❷ 전화번호를 넣는 곳에 자신의 전화번호를 입력하고 [다음]을 클릭합니다. 전화번호 앞에 있는 KR +82는 대한민국의 국제번호이며 전화번호를 입력할 때 신경 쓰지 않아도 됩니다.

❸ 자신의 이름을 입력하고 [다음]을 누릅니다. 이름은 꼭 본명이 아니어도 관계없지만 추후 크리에이터로서 개인 브랜딩을 위해서 본명을 추천합니다.

여기서 잠깐!

이때 처음 인스타그램에 가입하는 경우 '국외발신'이라는 이름으로 인증 문자가 오며 해당 번호를 입력해주면 다음 단계로 진행할 수 있습니다.

인스타그램 계정을 여러개 만들 수도 있습니다.

해당 전화번호로 이미 회원가입이 된 적이 있다면 이전의 계정으로 로그인할 수 있다는 메시지 창이 나옵니다. 기존의 계정을 계속 사용하거나 새로운 계정을 만들 수 있습니다.

❹ 인스타그램 계정의 비밀번호를 입력합니다.

❺ 사용자 이름(본명이 아닌 인스타그램 ID)을 처음에는 자동으로 생성해줍니다. 이곳에서 변경하여도 되지만 나중에 프로필을 설정할 때 한꺼번에 변경할 예정이므로 여기에서는 [다음]을 눌러 넘어갑니다.

❻ 페이스북과 친구 목록을 연동하여 페이스북 친구들 중 인스타그램을 하는 친구들을 찾을 수 있는 기능입니다. 여기에서는 [건너뛰기]를 눌러 넘어갑니다.

❼ 연락처(전화번호부)를 기준으로 연락처에 저장된 사람들 중 인스타그램을 이용하는 이용자를 찾아내는 기능입니다. 여기에서도 [건너뛰기]를 눌러 넘어갑니다.

❽ 사람 찾아보기 기능은 인스타그램에서 자체적으로 나의 관심사를 기반으로 추천해주는 인스타그램 계정들입니다. 지금 이곳에서 구독을 하여도 무방하지만 나중에 불필요한 계정들이 다수 팔로우되어 있으면 관리가 힘들어지기 때문에 우선 여기에서는 [다음]을 눌러 넘어갑니다.

❾ 알림 설정은 인스타그램에서 팔로우, 댓글 등 이벤트가 발생했을 때 스마트폰에서 알림을 해주는 기능입니다. 나중에 인스타그램 설정을 통해 다시 알림 설정을 할 수 있으므로 여기에서는 [건너뛰기]를 눌러 넘어갑니다.

❿ 위와 같이 알림 설정을 다시 설정하도록 안내하는 메시지 창입니다. 알림이 필요하다면 [허용]을, 필요치 않다면 [허용 안함]을 누릅니다.

⓫ ❼번에서 설정할 수 있는 연락처 동기화를 다시 물어보는 메시지 창입니다. 여기에서도 [취소]를 누릅니다.

회원가입이 모두 완료되었습니다. 'Instagram에 오신 것을 환영합니다'라는 메시지를 볼 수 있습니다. 아직은 아무런 콘텐츠도 없는 인스타그램이지만 곧 여러분들의 콘텐츠로 가득 채워질 것입니다. 인스타그램에 오신 것을 환영합니다.

3. 인스타그램 기본 메뉴 살펴보기

인스타그램 가입 후 가장 먼저 할 일은 인스타그램의 기본 메뉴를 살펴보는 일이겠죠? 다양한 메뉴들이 있지만, 우선 가장 기본적인 5가지 기본 메뉴를 살펴보겠습니다.

▲ 인스타그램 기본 메뉴 5개

❶ 집 모양으로 된 메뉴는 [홈화면]입니다. 친구들의 소식을 모아서 볼 수 있는 기능으로 인스타그램에 처음 접속하면 나타나는 기본 화면이기도 합니다. 인스타그램에서 가장 많이 사용되는 메뉴입니다.

❷ 돋보기 모양은 검색을 할 수 있는 버튼입니다. 인스타그램 내에서 해시태그(#) 또는 위치태그(서울 등), 사용자 ID 또는 이름 등으로 검색을 할 수 있습니다.

❸ 사진 또는 동영상을 활용해 게시물을 작성하여 업로드할 때 사용하는 기능입니다.

❹ 하트 표시는 알림을 확인하는 창으로 이동하는 버튼입니다. 인스타그램에서 '좋아요'는 하트 모양으로 표시되는데요. 다른 사람이 나를 팔로우하거나 내 게시물에 좋아요, 댓글 등 이벤트가 발생했을 때 이곳에서 알림을 모두 확인할 수 있습니다.

❺ 동그라미 모양의 버튼은 자신의 인스타그램 프로필을 확인하는 버튼입니다. 자신의 인스타그램이 지금 어떤 모양과 스타일로 보이는지 체크할 수 있습니다.

여기서 잠깐!

인스타그램의 기본 메뉴는 화면 아래쪽에 자리잡고 있습니다.

4. 인스타그램 프로필 설정하기

이제 자신의 인스타그램 프로필을 설정할 차례입니다. 자신이 누구인지, 어떤 내용으로 인스타그램을 이용하고 있는지, 홈페이지나 블로그 혹은 유튜브 채널이 있다면 해당 주소 등 복합적인 내용을 적어둘 수 있습니다.

아래쪽에 있는 자기 프로필 메뉴를 선택한 다음 [프로필 수정]으로 들어갑니다.

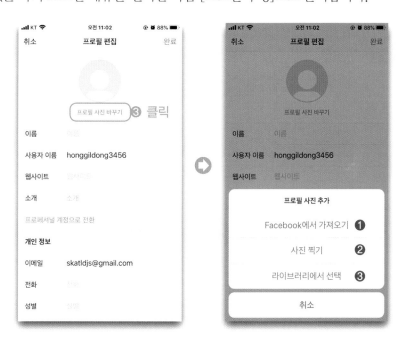

제일 먼저 프로필 사진을 변경해야 합니다. [프로필 사진 바꾸기]를 선택한 후 나오는 메뉴에서 원하는 방식을 선택합니다.

❶ Facebook에서 가져오기 : 인스타그램 계정과 연동된 페이스북 계정에서 사진을 가져오는 메뉴입니다.

❷ 사진 찍기 : 스마트폰 카메라를 활용해 지금 바로 사진을 찍어서 프로필로 등록할 때 사용하는 메뉴입니다.

❸ 라이브러리에서 선택(앨범에서 선택) : 기존에 찍어서 스마트폰에 저장해둔 사진들 중에서 하나를 골라 프로필 사진으로 등록합니다.

> **여기서 잠깐!**
>
> 일반적인 경우 '라이브러리에서 선택(앨범에서 선택)'을 자주 활용합니다.

앨범에서 마음에 드는 사진을 선택하고 [완료]를 눌러 프로필 사진 등록을 끝마칩니다.

프로필 사진을 바꾸었다면 이제 기본적인 정보들을 입력할 차례입니다. 인스타그램은 가벼운 SNS 매체라는 특성상 프로필에 아주 간단한 몇 가지의 정보만 등록할 수 있으며 간단하면서도 보기 좋게 프로필을 만드는게 유리합니다.

❶ 이름 : 본명 혹은 닉네임을 입력합니다.

❷ 사용자 이름 : 인스타그램 ID입니다. 중복되지 않는다면 언제라도 변경할 수 있습니다.

❸ 웹사이트 : 홈페이지, 블로그, 유튜브 등 자신이 운영하는 웹사이트 주소를 넣는 곳입니다. 인스타그램에는 웹사이트를 딱 1개만 등록할 수 있습니다.

❹ 소개 : 인스타그램 프로필에 노출될 자신의 소개를 적는 공간입니다.

인스타그램 소개글은 조금 독특하게 입력하는게 좋은데요. 글자수 150자 제한이 있으므로 자신의 활동내역을 잘 정리하고 압축해서 표현하는 것이 중요합니다.

여기서 잠깐!

더불어 이모티콘 등을 활용해 알록달록하면서도 예쁘게 보이도록 만들면 좀 더 시선을 집중시킬 수 있습니다.

▶ 프로필 사진부터 소개글까지 작성된 인스타그램 프로필

이제 아래쪽에 있는 개인 정보를 입력해줍니다. 상단에 있는 내용은 다른 사람들에게 노출되는 정보이며 아래쪽에 있는 개인정보는 말 그대로 개인정보로서 다른 사람에게 노출되지 않고 추후 인스타그램 계정을 분실하는 등 여러 가지 문제가 발생했을 때 원상복구하는데 도움이 되는 정보들입니다.

❺ 이메일 : 이메일 주소를 입력합니다. 추후에 비밀번호를 잊어버리는 경우 이메일을 통해 찾을 수 있습니다.

❻ 전화 : 전화번호를 입력합니다. 이메일 주소와 마찬가지로 비밀번호 분실 등 문제가 발생했을 때 도움을 줍니다.

❼ 성별 : 성별을 입력하는 곳입니다. 성별은 총 4가지 옵션을 제공합니다.

성별 입력을 모두 마친 뒤 [완료] 버튼을 눌러 프로필 수정 화면으로 들어갑니다. 마지막으로 잘 못된 부분이 없는지 확인한 후 [완료]를 눌러 프로필 설정을 마무리합니다.

▲ 간단하게 완성된 인스타그램 프로필

프로필 사진 등록부터 소개글 작성까지 모든 프로필 설정이 끝났습니다. 프로필은 언제라도 수정할 수 있으므로 자주 변경하는 것도 좋은 방법입니다.

5. 팔로우와 팔로잉 이해하기

인스타그램에서는 '친구' 또는 '구독자'처럼 평범한 용어를 사용하지 않고 팔로잉, 팔로워처럼 영어가 그대로 번역된 독특한 용어를 사용합니다. 팔로잉과 팔로워는 종종 헷갈릴 수 있는 단어이지만 기본적인 방식은 '친구' 또는 '구독자'와 비슷합니다. 인스타그램에서 본격적으로 활동하기 전에 인스타그램의 지표가 되는 팔로워와 팔로잉의 개념부터 알아보겠습니다.

❶ 팔로워 : 나를 구독하는 구독자의 숫자를 표시합니다.

❷ 팔로잉 : 내가 다른 사람을 구독하는 숫자가 표시됩니다.

여기서 잠깐!

인스타그램에서는 친구신청을 하고 친구신청을 수락하여 친구관계를 맺는 방식을 사용하지 않습니다. 누구나 자유롭게 친구를 신청할 수 있고 바로 구독되는 시스템입니다.

보통 팔로잉보다 팔로워 숫자가 높으면 더 좋은 프로필로 인정받습니다.

팔로잉과 팔로워 개념			
	친구	팔로잉	팔로워
구 분	상호 1:1 친구관계	구독(신문 구독처럼)	다른 사람이 나를 구독함
비 유	결혼한 부부	내가 짝사랑하는 사람	나를 짝사랑하는 사람
게시물 노출	창작 시 쓰기	팔로잉한 사람의 게시물이 나에게 노출됨 (자신의 게시물은 상대방에게 노출되지 않음)	내 게시물이 상대방에게 노출됨 (상대방의 게시물은 나에게 노출되지 않음)

여기서 잠깐!

인스타그램에서는 친구라는 개념이 없습니다. 2명이 서로 팔로잉과 팔로워를 해줄 때에는 '맞팔로잉'을 줄여 '맞팔'이라고 부르며, 이 맞팔이 친구 관계와 똑같은 효과를 냅니다.

6. 인스타그램에 사진 올리기

인스타그램은 이미지에 강점이 있는 SNS인만큼 사진(혹은 동영상)이 매우 중요한 부분을 차지합니다. 인스타그램에는 자유롭게 사진을 업로드할 수 있으며 사진 1장을 올리거나 여러 장을 한꺼번에 올릴 수도 있습니다. 인스타그램에서는 사진을 짧게 올리는 대신 자주 올리는 방식이 선호되며 실제로 많은 크리에이터들이 그런 방식을 활용하고 있습니다. 앞으로 사진이 많이 필요해지겠죠? 일상의 곳곳에서 사진을 찍어두는 습관을 만들어보세요. 찍어둔 사진을 올리지 않는 건 가능하지만, 안 찍은 사진을 올릴 수는 없으니까요.

> **여기서 잠깐!**
>
> 하나의 게시물에 올릴 수 있는 사진 수는 10장으로 제한되어 있습니다.

인스타그램 아래쪽 메뉴에서 + 버튼으로 된 사진 업로드 버튼을 클릭합니다.

사진 업로드 버튼을 클릭하면 사진을 선택할 수 있는 창이 나타납니다. 기본적으로 앨범(갤러리)의 사진들이 최신순으로 정렬되어 나타나며 앨범별로 모아서 볼 수도 있습니다. 또한 사진 혹은 동영상을 바로 촬영하여 업로드하는 것도 가능합니다.

❶ 스마트폰에 있는 앨범을 표시합니다. 앨범을 변경하여 앨범별로 모아둔 사진을 볼 수 있습니다.

❷ 현재 선택된 앨범의 사진들을 표시합니다.

❸ 스마트폰으로 지금 바로 사진을 찍어서 인스타그램에 올릴 때 사용합니다.

❹ 스마트폰으로 지금 바로 동영상을 찍어서 인스타그램에 올릴 때 사용합니다.

사진 1장을 선택한 뒤 오른쪽 상단에 있는 [다음] 버튼을 눌러 다음으로 넘어갑니다. 사진을 여러장 올리는 방법은 다음 장에서 소개합니다.

이제 사진의 필터를 선택할 수 있는 창이 나타납니다. 인스타그램에서는 자체적으로 예쁘면서도 다양한 필터를 제공하고 있으므로 별도의 사진편집 앱을 사용하지 않더라도 얼마든지 간단하게 보정을 할 수 있는 것이 장점인데요. 미리 만들어진 다양한 필터들을 활용하거나 자신만의 감각으로 세밀하게 색감을 조정하여 사진을 보정할 수도 있습니다.

❶ 요술봉 모양의 버튼은 사진을 자동으로 보정해주는 기능입니다.

❷ 필터 표시창입니다. 이곳에서 필터를 선택하면 해당 필터가 사진에 적용됩니다.

❸ 필터 표시창을 불러오는 버튼입니다.

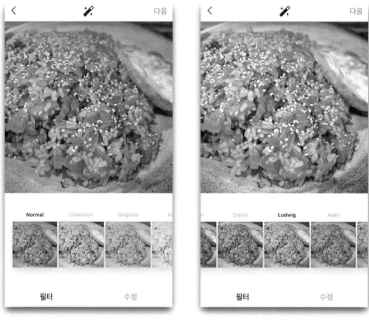

| 필터 적용 전 | 필터 적용 후 |

요즘 나오는 스마트폰은 카메라의 성능이 훌륭하고 보정 능력도 뛰어난 편이라서 원본 사진을 그대로 사용해도 무난하게 이미지를 보여줄 수 있습니다. 하지만 필터를 적용하면 원본보다 더 아름답게 표현되는 색감을 나타낼 수 있어서 유용한데요. 인스타그램 자체 내에서 제공하는 필터는 적용방법이 매우 쉬우므로 필터 기능을 적극적으로 활용해보시기 바랍니다.

❹ '수정'은 만들어진 필터를 사용하는 것이 아니라 자신이 직접 사진을 보정하고 싶을 때 사용하는 기능입니다.

[수정] 버튼을 누르면 다양한 옵션들이 나타나며 이런 옵션들을 자유롭게 조절하면서 자신이 원하는 사진 스타일을 만들어낼 수 있습니다.

밝기, 대비, 온도, 채도, 색상, 그림자 효과, 미니어처 효과 등 다양한 옵션을 제공합니다.

인스타그램 보정 옵션	
	설 명
조정	사진의 상하/좌우로 뒤집거나 기울기를 조정합니다.
밝기	사진을 밝게 또는 어둡게 변경합니다.
대비	밝은 영역은 더 밝게, 어두운 영역은 더 어둡게 만듭니다.
구조	느낌과 질감을 강조할 때 사용합니다.
온도	사진을 따뜻한 분위기로(주황색 톤) 바꾸거나 차가운 분위기로(파란색 톤) 바꿉니다.
채도	색상의 강도를 높입니다.(예 : 붉은색을 더욱 붉게 만들기)
색	사진에 색상 필터를 추가합니다.(색상을 두 번 누르면 강도를 조정할 수 있습니다)
흐리게	사진을 바랜 듯한 느낌으로 흐리게 만듭니다.
하이라이트	사진의 밝은 영역으로 초점을 맞춥니다.
그림자	사진의 어두운 영역으로 초점을 조정합니다.
배경 흐리게	사진의 가장자리 부분을 어둡게 바꿉니다.
미니어처 효과	물체 또는 배경으로 초점을 변경합니다.(아웃포커싱 효과)
선명하게	사진을 더 선명하게 만듭니다.

사진 필터를 선택 또는 수정 버튼으로 보정을 마친 후 [다음]을 누르면 사진 업로드를 마무리할 수 있는 창이 나타납니다. 이곳에서 적절한 문구를 넣고 사람을 태그하거나 위치태그를 추가할 수 있는 등 다양한 내용을 추가하고 연동된 계정을 활용해 인스타그램이 아닌 다른 SNS에도 똑같은 게시물을 올릴 수 있는 기능을 제공합니다.

❶ 사진을 설명하는 설명글을 넣는 곳입니다.

❷ 사람(인스타그램 계정)을 태그할 때 사용합니다. 사진 위에다가 태그하는 기능으로 여러명이서 단체 사진을 찍어 올릴 때 많이 사용됩니다.

❸ 위치 태그를 추가합니다. 자신이 거주하는 지역 혹은 사진이 촬영된 장소를 넣을 수 있으며, 스마트폰의 위치 기능이 켜져 있어야 설정할 수 있습니다.

❹ 인스타그램 계정을 여러 개 운영 중이라면 다른 계정에도 동시에 게시물을 올릴 수 있습니다.

❺ 페이스북, 트위터, 텀블러 등 인스타그램과 연동 가능한 다른 SNS에도 똑같은 게시물을 올리고 싶을 때 사용합니다.

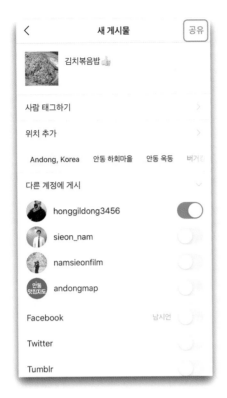

모든 설정을 다했다면 오른쪽 상단에 있는 [공유] 버튼을 눌러 게시물을 공유합니다.

인스타그램에 게시물이 정상적으로 업로드 됐습니다. 팔로워가 있다면 방금 올린 게시물이 곧 그들의 인스타그램에 노출됩니다. 위치 태그, 해시태그 등이 있다면, 인스타그램 검색창을 통해서도 해당 게시물이 검색됩니다. 인스타그램은 다른 SNS와 비교했을 때 상대적으로 게시물이 흘러가는 속도가 빠른 편이므로 게시물을 자주 올려주세요.

7. 인스타그램에 사진 여러 장 올리기

　인스타그램에는 여러 장의 사진을 하나의 게시물로 묶어 올리는 방식도 좋습니다. 사진을 손가락으로 쉽게 넘겨가면서 확인할 수 있기 때문이죠. 게시물 하나당 최대 10장까지 올릴 수 있으며 11장 이상은 올릴 수 없도록 제한되어 있습니다. 짧은 게시물들이 많은 인스타그램에서는 사진 1장짜리 게시물이 많지만, 여러 장의 사진을 묶으면 보다 효과적으로 콘텐츠를 제작하여 스토리를 보여줄 수 있다는 장점이 있습니다. 인스타그램에서 사진을 올릴 때 여러 장을 올리는 방법에 대해 소개합니다.

　처음에는 일반적인 사진을 업로드하는 방법과 같습니다. 화면 아래쪽에 있는 사진 올리기 버튼을 클릭하여 갤러리로 들어갑니다.

　사진을 선택하면 사진 우측 아래에 [여러 항목 선택]이라는 메뉴가 나타납니다. 이곳을 클릭해주면 사진을 여러 장 선택할 수 있도록 화면이 바뀝니다.

　이제 올리고 싶은 사진을 순서대로 선택해주면 번호가 표시되어 직관적으로 체크하면서 사진을 선정할 수 있습니다. 최대 10장까지 가능하며 인스타그램에 사진이 올라갔을 때 표시되는 순서대로 보이므로 순서를 잘 정하는 것이 중요합니다.

　원하는 순서대로 사진을 선택한 뒤 우측 상단에 있는 [다음] 버튼을 누릅니다.

사진 1장을 올릴 때와 다르게 사진을 여러 장을 올리는 과정에는 필터 역시 조금 다르게 표시됩니다.

❶ 사진마다 붙어있는 동그란 버튼은 개별 사진을 별도로 보정하는 기능입니다.

❷ 아래쪽에 있는 필터 기능은 선택된 여러 장의 사진에 공통적으로 필터를 적용하고 싶을 때 사용합니다.

필터 또는 보정을 진행한 후 우측 상단에 있는 [다음] 버튼을 눌러 넘어갑니다.

이전에 연습했었던 것처럼 문구와 사람 태그 혹은 위치 태그 등을 넣어준 뒤 [공유] 버튼을 눌러 인스타그램에 업로드를 마무리합니다.

8. 인스타그램에 사진 원본으로 올리기

인스타그램은 앱의 모양처럼 정사각형 사진이 많습니다. 더불어 정사각형(1:1 비율) 사진은 스마트폰에서 알맞게 보이며 일반적으로 가장 많이 사용되는 비율이기도 합니다. 하지만 경우에 따라서는 가로사진 혹은 세로사진을 올리고 싶은 경우도 있는데요. 과거에는 기능이 없었지만, 지금은 사진을 원본 비율에 맞게 올릴 수 있는 기능을 제공하고 있습니다. 여기에서는 정사각형이 아닌, 가로사진 혹은 세로사진을 비율을 유지하면서 원본으로 올릴 수 있는 방법을 소개합니다.

여기서 잠깐!

인스타그램에 원본으로 올리고 싶다고 하더라도 인스타그램 자체에서 제공하는 스타일로만 올릴 수 있습니다. 즉, 세로로 엄청나게 긴 사진이라고 하더라도 인스타그램에서는 정해진 비율이 있으므로 아래위가 약간 잘립니다. 일반적인 사진의 경우에는 크게 신경쓸 만큼 잘려나가진 않으므로 적절하게 비율을 선택해주세요.

TIP 인스타그램에 올릴 수 있는 사진 비율과 종류에 대해서는 이 책의 Step 5에 있는 '인스타그램 콘텐츠의 종류(83쪽)'를 참고하세요.

인스타그램에 사진을 올릴 때 처음 사진을 선택하면 정사각형으로 보이도록 설정됩니다. 즉, 인스타그램에서는 기본값이 정사각형입니다.

사진 왼쪽 하단에 있는 버튼을 누르면 사진의 원본 비율로 바뀌는 모습을 볼 수 있습니다.

이렇게 맞춰둔 상태에서 [다음] 버튼을 누른 뒤 인스타그램에 업로드하면 원하는 스타일로 사진 목록을 구성할 수 있습니다.

◀ 사진을 원본 비율로 바꾸어 세로사진으로 설정된 모습

9. 인스타그램에서 해시태그 활용하기

인스타그램은 해시태그를 빼놓고는 설명하기 어려운 SNS 매체입니다. 해시태그를 가장 많이 활용할 수 있는 SNS임과 동시에 해시태그 활용이 적극 권장되는 플랫폼입니다. 요즘 유행하는 해시태그의 원산지가 인스타그램이라고 해도 과언이 아닐 정도로 인스타그램의 해시태그는 일반적으로 많이 사용됩니다. 인스타그램에서 해시태그를 어떻게 활용할 수 있는지 알아보겠습니다.

> **⇄ 독자 Q&A**   **Q 해시태그란?**
>
> **A.** 해시태그는 해시(Hash)와 태그(Tag)의 합성어로 만들어져있습니다. 글자앞에 샵(#)기호가 붙은 것이 특징입니다. SNS는 개인들이 정보를 공유하는 장소이기 때문에 정보가 흩어져있는데요. 이렇게 흩어진 정보들을 찾아낼 수 있도록 만들어주는 것이 바로 해시태그입니다.
> 해시태그는 SNS상에서 정보를 묶고 검색하기 위한 용도로 활용됩니다. 예를 들어 음식 사진을 올릴 때 #음식 또는 #먹스타그램, 셀카 사진을 올릴 때 #셀카 이런 식으로 사용할 수 있습니다.
> 인스타그램에는 게시물 하나당 최대 30개의 해시태그까지 삽입할 수 있습니다.

인스타그램에서 해시태그는 대단히 중요한 부분이지만, 해시태그를 추가하는데 필요한 별도의 기능이 있는 것은 아닙니다. 즉, 사용자가 글자 형태로 알아서 입력하면 되는 시스템입니다. 방법은 글자앞에 샵(#)을 붙여주면 자동으로 해시태그로 인식합니다. 각 해시태그마다 공백(띄어쓰기)을 해주면 여러 개의 해시태그를 넣을 수 있으며, 해시태그 자체에는 띄어쓰기가 허용되지 않습니다. 예를들어 '#서울맛집'은 하나의 해시태그로 인식되지만, '#서울 맛집'이라고 입력하면 '#서울'까지만 해시태그로 인식하고 뒤에 있는 '맛집'은 해시태그가 아닌 일반 글자로 인식합니다.

인스타그램에 사진을 올리는 과정에서 문구를 작성할 때 해시태그를 같이 입력해줍니다. 해시태그는 여러 개를 넣어도 무방하며 아예 입력하지 않아도 괜찮습니다. 단순히 글자처럼 입력하되 앞에 샵(#)이 붙은 것이 다른 점입니다.

해시태그를 입력한 후 업로드를 완료하면 일반적인 글자는 검은색으로, 해시태그는 파란색 글자로 표시됩니다. 파란색은 링크가 있다는 뜻으로 클릭해서 볼 수 있다는 의미인데요. 해시태그를 손가락으로 클릭하면 자동으로 해당 해시태그를 검색하여 검색 결과를 볼 수 있는 창으로 이동됩니다.

인스타그램은 전세계 공통으로 사용되는 SNS이므로 해시태그를 활용해 여러 가지 검색을 할 수도 있습니다. #김치볶음밥을 클릭하여 검색하면 다른 사람들이 인스타그램에 올리면서 #김치볶음밥 이라는 해시태그를 넣은 모든 게시물을 확인할 수 있습니다. 다양한 해시태그를 넣어보면서 다른 사람들의 게시물을 참고하는 것도 콘텐츠 크리에이티브에 도움이 됩니다.

◀ #김치볶음밥 해시태그를 클릭했을 때 나타나는 검색화면

10. 인스타그램에서 검색하기

실시간으로 올라오는 다양한 사진들과 동영상을 확인할 수 있는 인스타그램은 검색용으로도 부족함이 없는 매체입니다. 실제로 요즘 여행객들은 검색포털보다 인스타그램 내에서 검색하는 것을 선호하는 추세이며 주로 가벼운 정보 확인 목적일 때 적합합니다. 블로그 검색의 경우 실시간성이 부족한데다 오래된 정보와 최신 정보가 섞여서 나오는 특성이 있기 때문에 전문적이고 깊이 있는 정보를 원할 땐 블로그 검색을, 가벼운 콘텐츠나 실시간성이 중요한 검색에는 인스타그램을 활용하는 비율이 높아졌습니다. 인스타그램에서의 검색은 대부분 해시태그를 기반으로 하기 때문에 해시태그를 적절하게 선정하는 것이 무엇보다 중요하다고 할 수 있습니다. 그러나 위치태그의 경우는 지역 기반의 콘텐츠일 때 효과적입니다. 예를 들어 '#부산여행'이라는 해시태그로 검색하면 많은 정보를 찾아낼 수 있지만, 해시태그를 사용하지 않은 콘텐츠는 찾을 수 없습니다. 반면에 위치태그는 해시태그 없이도 위치만 등록되어 있다면 검색될 수 있습니다. 인스타그램에서 검색을 어떻게 활용할 수 있는지 알아봅니다.

여기서 잠깐!

자신이 올린 게시물이 잘 검색되는지 확인하는 용도로 활용할 수도 있습니다.

인스타그램 하단 메뉴에서 돋보기 버튼을 누르면 인스타그램 검색 화면을 불러올 수 있습니다. 검색창은 최상단에 자리 잡고 있으며 첫 화면에 나오는 사진들은 인스타그램이 자체적으로 나의 계정을 분석하여 추천하는 게시물들입니다. 첫 화면에 나오는 게시물들은 주로 내가 팔로우하는 계정, 현재 국가의 인기항목, 좋아요를 누른 사진, 저장한 게시물 등을 기반으로 결정됩니다. 가령, 여러분이 여행에 관심이 많다면 여행 관련된 사진에 좋아요를 많이 누를 것이고 여행과 관련된 인스타그램 계정을 팔로우하고 있을 확률이 높겠죠? 그렇게되면 첫 화면에 여행과 관련된 게시물들이 나오게 됩니다. 첫 화면은 계정마다 모두다르며 시간이 지나면서 주기적으로 바뀝니다. 보통 인기있는 게시물들이 첫 화면에 나오므로 만약 내 게시물이 첫 화면에 뜬다면 큰 인기를 끌 수 있습니다.

인스타그램에서 검색을 하려면 제일 위쪽에 자리잡은 검색창을 클릭합니다.

검색창을 클릭하면 총 4개의 탭이 나타납니다. 여기에서 원하는 카테고리를 선택하여 내가 입력한 검색 단어에 알맞은 결과를 도출할 수 있습니다.

❶ 인기 : 내 계정을 기반으로 하여 인기 계정 혹은 해시태그가 표시됩니다.

❷ 계정 : 인스타그램 해시태그가 아닌 인스타그램 계정(사용자)을 검색할 때 사용합니다.

❸ 태그 : 해시태그로 검색하고 싶을 때 사용하며, 검색에서 가장 많이 사용되는 기능입니다.

❹ 장소 : 위치 태그를 기반으로 하여 위치를 지정하여 검색하고 싶을 때 사용합니다.

▲ 볶음밥이라고 검색했을 때 나타나는 화면

예를 들어 인스타그램 검색창에 볶음밥이라고 검색을 했다면 인기 탭에서는 볶음밥이 들어간 인기있는 해시태그들이, 태그에는 해시태그들이, 장소에는 위치태그에 볶음밥이라는 단어가 들어간 장소들이 검색 결과로 나타납니다.

여기서 잠깐!

기존에 만들어진 인기 있는 해시태그들을 활용하는 것과 더불어 자신만의 해시태그를 개발하여 사용하는 것도 인스타그램 크리에이티브를 위해 권장할만한 방법입니다.

11. 다른 사람 팔로우하기

인스타그램에선 어떤 인스타그램 계정이건 팔로우를 할 수 있습니다. 평소 좋아했던 가수의 계정도 팔로우할 수 있으며, 자신과 친한 친구들과 팔로우 관계를 맺을 수도 있습니다. 인스타그램은 사진과 동영상을 강조하는 SNS임과 동시에 자신의 소식과 다른 사람들의 소식을 확인하는 장소이기도 합니다. 따라서 인스타그램에서는 적절하게 팔로우하는 계정이 있어야 나를 팔로우해주는 팔로워도 반드시 필요하다고 할 수 있습니다. 인스타그램에서 다른 사람의 인스타그램 계정을 팔로우하는 방법에 대해 알아봅니다.

제일 먼저 해야할 일은 팔로우 하고 싶은 사람(계정)을 찾는 일입니다. 인스타그램 검색창에서 인스타그램 ID를 입력하여 계정을 찾거나 관심사를 주기적으로 포스팅하는 계정을 팔로우하면 됩니다. 여기에서는 제 개인 계정인 (@sieon_nam) 계정을 팔로우하는 법을 예로 들어 설명하겠습니다.

검색창에 인스타그램 ID를 입력하여 검색합니다. 만약 ID를 모른다면 이름을 입력해도 됩니다.

여기서 잠깐!

이름을 입력하여 사람을 찾는 방식의 경우, 동명이인이 많아서 정확한 결과를 얻기가 힘듭니다. 가능하면 인스타그램 ID를 알고 있는 것이 정확한 검색에 도움이 됩니다.

팔로우할 사람을 찾았다면 파란색으로 표시된 팔로우 버튼을 누릅니다. 이렇게 하면 팔로우가 성립되었으며 나에게는 팔로우 숫자가 +1이 되고, 상대방에게는 팔로워 숫자가 +1이 됩니다. 이후부터는 내가 팔로우한 계정에 올리는 게시물들이 나의 인스타그램에 주기적으로 표시되며 상대방과 소통할 수 있는 환경이 만들어집니다.

팔로우를 클릭하면 버튼이 파란색에서 흰색으로 바뀌며 팔로잉이라는 글자로 표시됩니다. 팔로잉은 팔로우를 하는 중이라는 의미이며 색상으로도 편하게 구분할 수 있습니다.

팔로잉 중인 상태에서 팔로잉 버튼을 한번 더 누르면 여러 가지 메뉴가 나타나는데 이곳에서 팔로우를 취소할 수 있는 기능을 제공합니다. 여러 가지 이유로 특정 인스타그램 계정을 팔로우 취소하고 싶다면 해당 계정으로 접속하여 팔로잉 버튼을 누른 뒤 팔로우 취소를 클릭하세요.

여기서 잠깐!

팔로우는 취소 후 다시 팔로우할 수 있습니다.

12. 인스타그램 메시지 보내기/확인하기

인스타그램에서는 다이렉트 메시지(Direct message)라고 이름 지어진 메시지 기능이 있습니다. 국내에서는 카카오톡같은 별도의 메신저 앱을 사용하는 빈도가 높지만, 해외 일부 국가에서는 SNS 자체에 있는 메시지 기능으로 메신저를 대신하는 경우도 많은데요. 페이스북 메신저가 대표적인 SNS 연동형 메신저이지만 국내에서는 활용도가 다소 낮은 편입니다. 인스타그램 메시지 기능은 여러 가지 측면에서 카카오톡과 함께 사용하면 좋을 메신저입니다. 전화번호나 카카오톡 ID를 몰라도 인스타그램을 통해 상대방과 메시지를 주고받을 수 있으니까요. 인스타그램에서 다이렉트 메시지는 단어를 줄여 흔히 DM이라고 부릅니다.

독자 Q&A　Q **댓글과 메시지의 차이점은?**

A. 댓글은 상대방과 나, 그리고 해당 게시물에 접속하는 모든 사람에게 공개되어 있는 글입니다. 반면에 메시지는 나와 상대방만이 볼 수 있는 내용이므로 좀 더 개인적인 정보들이라고 할 수 있습니다. 메시지는 상대방에게 1:1로 직접 물어보는 기능이라고 생각하면 쉽습니다.

  상대방에게 메시지를 보내고 싶다면 해당 계정에
접속한 뒤 [메시지] 버튼을 누릅니다. 팔로우하지
않은 상태에서도 메시지를 보낼 수 있는 게 특징입
니다.

  [메시지] 버튼을 누르면 일반적인 대화창이 열리
며 여기에서 보내고 싶은 메시지를 보내면 됩니다.
사진 또는 동영상을 보낼 수 있으며 이모티콘, 스티
커 등 재미있는 내용을 섞어서 보낼 수도 있습니다.

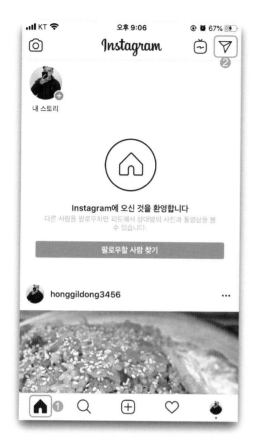

자신이 받은 메시지를 확인하는 방법은 간단합니다. 인스타그램 첫 화면에서 우측 상단에 있는 종이비행기 모양의 아이콘을 클릭하면 대화 목록 창으로 이동됩니다.

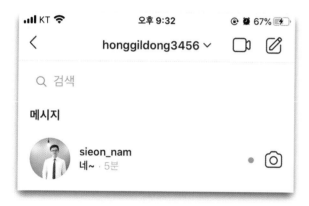

이곳에서 인스타그램을 통해 받은 모든 메시지를 확인할 수 있습니다.

13. 인스타그램 게시물에 좋아요 누르기

인스타그램에서 좋아요는 예쁜 하트 모양으로 표시됩니다. 인스타그램의 좋아요는 가볍게 누를 수 있고 '내가 게시물을 확인했다!'는 의사표현용으로도 사용할 수 있기 때문에 대부분의 인스타그램 사용자들이 좋아요를 누르는 것을 망설이지 않는 편입니다. 내가 올린 게시물이 좋아요를 많이 받는다면 기분이 좋겠죠? 마찬가지로 상대방 역시 자신의 게시물이 좋아요가 많길 원하므로 적극적으로 좋아요를 눌러주세요.

좋아요는 모든 게시물의 아래쪽에 하트 모양으로 표시되어 있습니다. 하트를 누르면 색깔이 바뀌면서 좋아요가 설정됩니다. 사진을 두 번 클릭(더블탭)해도 좋아요를 누를 수 있습니다.

14. 인스타그램 게시물에 댓글 달기

인스타그램은 다른 SNS에 비해 상대적으로 댓글 소통이 활발한 곳입니다. 페이스북의 경우 내가 댓글을 달면 내 친구들에게도 게시물이 노출되는 시스템이므로 홍보 효과는 뛰어나지만 개인 프라이버시 측면에서는 까다로운 측면도 있습니다. 하지만 인스타그램은 댓글을 아무리 달아도 해당 게시물이 내 친구들에게 공유되는 경우가 없어서 사용자들이 부담없이 댓글로 소통을 하는 편입니다. 인스타그램에서 댓글을 달고 싶다면 해당 게시물을 찾은 다음 댓글 버튼을 누르면 됩니다.

모든 게시물의 바로 아래에는 댓글 버튼이 있습니다. 이 댓글 버튼을 눌러 댓글 창이 열리면 원하는 댓글을 적은 뒤 [게시] 버튼으로 마무리합니다.

15. 인스타그램 스토리 게시물 올리기

인스타그램 스토리는 최근 인스타그램에서 가장 인기있는 기능으로 24시간동안만 콘텐츠를 공유할 수 있는 재미있는 게시물입니다. 인스타그램 스토리로 공유한 사진이나 동영상은 24시간동안만 표시되며 게시물과 별도의 공간에서 노출됩니다. 여러 개의 스토리를 업로드할 경우에는 슬라이드 쇼 형태로 표현되어 사진을 넘겨가면서 확인할 수 있는데요. 사진에 필터를 적용하고 스티커를 넣고 설문조사를 하거나 팔로워들로부터 질문을 받는 기능, GIF로 움직이는 사진을 넣을 수 있는 등 다양한 꾸미기 옵션을 제공합니다. 스토리 게시물은 단 하루 동안만 팔로워들에게 노출되기 때문에 일반 게시물보다 더욱 부담없이 일상을 공유하는데 활용됩니다.

> **여기서 잠깐!**
>
> 인스타그램 스토리는 해외의 인기 SNS인 '스냅챗'의 기능을 모티브로 하고 있습니다. 스냅챗에서는 흔히 '폭탄 게시물'이라고 부르는 기능이 있는데 24시간 뒤에 폭파되어 게시물이 없어진다는 뜻입니다. 게시물로 업로드하기에는 아쉬운, 다소 평범한 일상들을 인스타그램에서 스토리로 공유하는 게 요즘 인스타그램 사용자들의 트렌드입니다.

인스타그램 첫 화면 좌측 상단 자신의 프로필 모양에 + 버튼이 있는 곳을 클릭하면 스토리 게시물을 올릴 수 있는 창으로 이동합니다. 또는 한 칸 위에 있는 카메라 버튼을 클릭해도 스토리 게시물을 만들 수 있습니다.

스토리 게시물은 보통 현장의 사진을 바로 찍어 바로 올리는 형태이지만, 스마트폰 앨범에서 과거에 찍어둔 사진을 올릴 수도 있습니다.

❶ 현장에서 스마트폰으로 사진을 찍어 스토리 게시물로 만들어 올리는 촬영 버튼입니다.

❷ 스마트폰 앨범에서 사진을 찾은 다음 스토리 게시물로 올릴 때 사용합니다.

방금 촬영한 사진 또는 앨범에서 사진을 선택하면 우측 하단에 [받는 사람]이라는 버튼이 나타납니다. 이 버튼을 누른 다음 '내 스토리' 옆에 있는 [공유]버튼을 누릅니다.

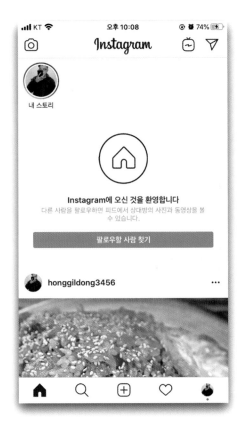

이후 아래쪽에서 [완료] 버튼을 누르면 스토리 게시물 업로드가 끝납니다. 인스타그램 첫 화면 제일 위쪽에서 자신의 프로필 사진 테두리가 알록달록하게 바뀐 모습을 볼 수 있는데요. 이렇게 알록달록하게 바뀌어 강조된 프로필은 확인하지 않은 스토리 게시물이 있다는 의미입니다. 위치상 상단에 자리 잡고 있는데다 테두리에 강조 효과를 넣어주기 때문에 클릭율이 대단히 높은 게시물이 바로 스토리 게시물입니다. 스토리 게시물을 확인하면 테두리는 없어집니다.

인스타그램 스토리에는 좋아요와 댓글을 남길 수 없습니다. 대신 스토리 게시물 아래에서 상대방과 메시지를 주고받을 수 있는 다이렉트 메시지(DM)창을 통해 사용자끼리 대화를 이어갈 수 있습니다. 스토리 게시물은 요즘 인스타그램에서 대단히 인기있는 기능이므로 여러분들도 적극적으로 활용해보시기 바랍니다.

07 : 크리에이터를 위한 인스타그램 활용법

1. 게시물 컬렉션

인스타그램은 게시물 숫자가 많고 뉴스피드(홈메뉴)가 빨리 흘러가는 곳이므로 과거의 게시물을 찾기가 어려울 때가 많습니다. 인스타그램에서 마음에 드는 게시물을 만났을 때 게시물을 저장하는 방법은 없을까요? 물론 있습니다. 인스타그램의 게시물 컬렉션 기능을 이용하면 되는데요. 게시물 컬렉션으로 게시물을 저장해두고 언제든지 원할 때 저장해둔 사진들을 확인하는 방법을 알아보겠습니다.

인스타그램 게시물 저장하기

모든 인스타그램 게시물 아래에는 책갈피 모양의 버튼이 있습니다. 게시물을 저장해두는 버튼입니다. 게시물을 저장하여 컬렉션을 만들려면 이 책갈피 모양을 누릅니다. 이렇게 하면 인스타그램에서 발견한 좋은 게시물을 간편하게 저장해둘 수 있습니다.

저장한 게시물 확인하기

　저장된 게시물을 확인하려면 우측 하단에 있는 자기 프로필을 선택한 후 오른쪽 상단에 메뉴 버튼을 누릅니다. 그런 다음 [저장됨]이라고 된 책갈피 모양의 탭을 선택하면 지금까지 저장한 모든 인스타그램 게시물을 한 눈에 모아서 볼 수 있습니다.

🔁 독자 Q&A　　**Q 저장한 원본 게시물이 삭제되면?**

A. 원본 게시물이 삭제되면 저장해둔 게시물도 함께 지워집니다. 게시물을 다운로드하여 저장하는 방식이 아니라 게시물을 링크하는 방식으로 저장하는 시스템 때문이죠. 반대로 저장된 게시물이 수정되거나 내용이 추가되는 등 변경사항이 있을 때에도 자동으로 저장해둔 게시물에 반영되므로 편리합니다.

자신만의 컬렉션 만들기

우리의 관심사는 다양합니다. 여행과 맛집에 관심이 많으면서 귀여운 강아지 사진을 즐겨보는 사람이 있는가하면, 멋진 풍경 사진과 아름다운 꽃 사진을 좋아할 수도 있습니다. 이러한 게시물들은 인스타그램에 굉장히 많으며 누구나 게시물 컬렉션으로 저장할 수 있는데요. 다양한 관심사를 폴더처럼 분류해서 저장할 수 있다면 더욱 유용하겠죠? 인스타그램 컬렉션 기능에는 자신만의 컬렉션을 생성하는 기능이 포함되어 있습니다.

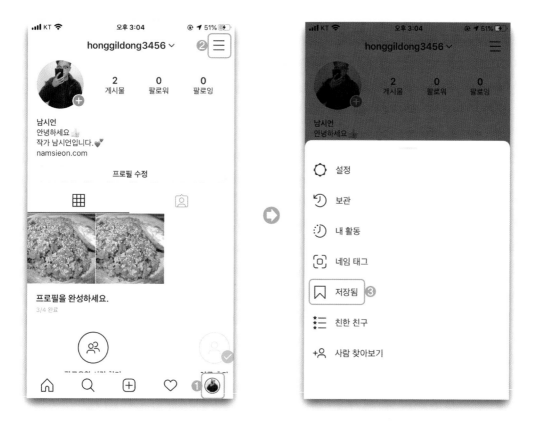

먼저 인스타그램 프로필에서 상단 메뉴 버튼을 누른 다음 '저장됨' 항목으로 이동합니다.

이곳은 저장된 게시물을 모아서 보는 곳입니다. 우측 상단에 + 버튼을 누르면 저장되는 컬렉션의 폴더를 만들 수 있습니다.

상단에 '새 컬렉션'이라는 이름이 나오면서 이름을 입력하는 창이 나타납니다. 여기에서 자신이 원하는 컬렉션의 이름을 입력해준 뒤(예를 들어 맛집) [다음] 버튼을 누릅니다.

새로운 컬렉션이 만들어지면서 컬렉션에 저장할 사진을 선택하는 창으로 이동합니다. 여기에서 새로 생성한 컬렉션(여기에서는 맛집 컬렉션)에 넣어둘 사진을 선택하고 [완료]를 누릅니다.

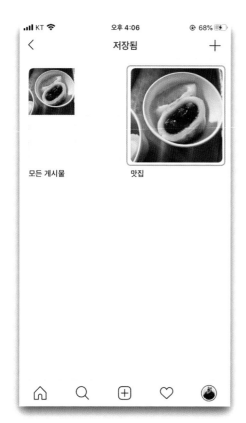

이제 새로운 '맛집'이라는 컬렉션이 만들어졌고 이 컬렉션에다가 관련된 사진을 계속 저장해둘 수 있습니다. 이렇게 분류를 해두면 편리하게 저장하고 관리할 수 있어서 무척 유용하니 처음 컬렉션을 사용할 때부터 적절한 컬렉션을 생성해두는걸 추천합니다.

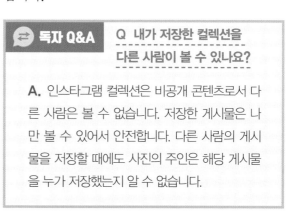

독자 Q&A **Q 내가 저장한 컬렉션을 다른 사람이 볼 수 있나요?**

A. 인스타그램 컬렉션은 비공개 콘텐츠로서 다른 사람은 볼 수 없습니다. 저장한 게시물은 나만 볼 수 있어서 안전합니다. 다른 사람의 게시물을 저장할 때에도 사진의 주인은 해당 게시물을 누가 저장했는지 알 수 없습니다.

게시물을 컬렉션에 바로 저장하는 방법

게시물을 저장할 때 책갈피 버튼을 살짝 누르는 게 아니라 2초 정도 꾹~ 눌러주면 컬렉션으로 바로 저장할 수 있는 창이 나타납니다. 여기에서 미리 만들어둔 컬렉션에 바로 저장하거나 또는 + 버튼을 눌러 새로운 컬렉션을 만들어서 저장할 수 있습니다.

❶ 미리 만들어둔 컬렉션에 해당 게시물을 저장합니다.

❷ 저장하려는 게시물을 새로운 컬렉션을 만들면서 동시에 저장합니다.

2. 스토리 하이라이트 기능

인스타그램 스토리는 24시간동안 유지되는 가벼운 게시물로 인스타그램 사용자들이 사랑하는 기능입니다. 하지만 스토리는 24시간 뒤에 자동으로 지워지는 특성상 보관하기가 어렵다는 단점이 있었습니다(Step 6의 '인스타그램 스토리 게시물 올리기'편 참고). 인스타그램 스토리를 계속 유지하면서 자신의 프로필에 보이도록 하는 방법이 있습니다. 바로 스토리 하이라이트 기능을 이용하는 것입니다.

 독자 Q&A **Q 24시간 뒤에 지워지는 스토리를 다시 보는 방법은?**

A. 스토리 게시물이 이제 자동으로 비공개 '스토리 보관'에 저장됩니다. 저장된 스토리는 언제든지 하이라이트 기능을 활용해 다른 사람들에게 다시 보여줄 수 있습니다.
우측 상단에 있는 [메뉴]에서 [보관]으로 들어가면 과거에 올린 스토리를 다시 확인할 수 있습니다.

스토리 하이라이트 만들기

스토리 하이라이트는 인스타그램 프로필 소개 부분 바로 아래에 자리잡고 있습니다.

새로운 스토리 하이라이트를 만들기 위해서는 왼쪽에 있는 [하이라이트] 버튼을 클릭합니다. 그러면 저장된(보관된) 스토리들이 나타나는데요. 여기에서 하이라이트로 강조하고 싶은 스토리를 선택한 후 우측 상단에 있는 [다음] 버튼을 누르세요.

🔄 **독자 Q&A**   **Q 스토리 하이라이트에는 어떤 종류의 콘텐츠를 올릴 수 있나요?**
- -

A. 인스타그램 스토리로 만들 수 있는 모든 콘텐츠를 스토리 하이라이트로 만들 수 있습니다. 일반적으로 사진이 많으며 강조하고 싶은 내용에 음악이나 소리가 포함되어야한다면 짧은 동영상을 하이라이트로 만들 수도 있습니다.

이제 하이라이트의 커버(대표 사진)와 하이라이트의 이름을 정해야 합니다.

❶ 하이라이트의 커버를 결정하고 수정할 수 있습니다. 커버 사진은 대표 사진으로 인스타그램 프로필에서 하이라이트를 표현할 때 사용합니다.

❷ 하이라이트의 이름을 정합니다. 적절한 이름이 있어야 사람들의 클릭을 유도할 수 있겠죠?

▲ 스토리 하이라이트가 추가된 모습   ▲ 스토리 하이라이트를 클릭했을 때 나타나는 화면

　이제 스토리 하이라이트가 만들어졌습니다. 이후부터는 자신의 인스타그램 프로필을 방문하는 사람이라면 누구나 스토리 하이라이트 부분에서 내가 만든 스토리를 확인할 수 있습니다. 하이라이트를 누르면 각 콘텐츠가 개별적인 스토리로 재생됩니다. 하이라이트는 한 번 만들어두면 삭제하지 않을 경우 계속 표시되므로 손쉽게 비즈니스를 알리는데 도움이 되는데요. 잘 만든 스토리 하이라이트를 활용해 색다른 방법으로 자신을 알려보세요.

스토리 하이라이트 삭제하기

스토리 하이라이트를 삭제하는 방법은 아주 쉽습니다.

삭제하고 싶은 스토리 하이라이트를 2초 정도 꾹 누르면 메뉴가 나타납니다. 여기에서 [하이라이트 삭제]를 눌러 하이라이트를 삭제합니다.

여기서 잠깐!

스토리를 클릭한 후 우측 하단에 있는 [더보기] 버튼을 눌러도 똑같은 메뉴를 불러올 수 있습니다.

스토리 하이라이트 수정하기

스토리를 삭제할 때와 마찬가지로 프로필에서 스토리를 꾹 눌러 메뉴를 불러온 다음 [하이라이트 수정]을 클릭합니다.

하이라이트 수정에서는 여러 가지 작업을 할 수 있습니다.

❶ 하이라이트의 커버 사진을 수정합니다.

❷ 하이라이트의 이름을 변경합니다.

❸ [선택됨]에서는 현재 하이라이트에 추가되어있는 스토리들을 보여줍니다. 여기에서 체크를 해제하면 스토리 하이라이트에서 제외됩니다.

[선택됨] 오른쪽에 있는 [보관] 탭에서는 기존에 저장해둔 스토리들을 살펴보고 현재 수정하는 하이라이트에 추가할 수 있습니다. 스토리를 추가하게 되면 [선택됨] 탭에서 볼 수 있습니다.

A. 처음 개설한 인스타그램 계정에는 알 수 없는 이유로 종종 하이라이트 추가 버튼이 없는 경우가 있습니다. 이럴땐 스토리 게시물을 만들어서 먼저 업로드 한 뒤에 스토리 게시물을 클릭한 다음 아래쪽에 있는 [하이라이트] 버튼을 눌러 활용하면 됩니다.

스토리 하이라이트는 언제 활용하면 좋을까?

▲ 스토리 하이라이트 활용 예

인스타그램에서 스토리 하이라이트 기능은 비교적 최신 기능입니다. 공유한 스토리를 다양한 방법으로 표현하고 싶을 때, 비즈니스 또는 개인의 다양한 이야기를 장면별로 보여주고 싶을 때 특히 유용하게 사용할 수 있습니다.

예를 들어 새로운 제품을 제작하는 과정이나 새로운 음악을 만들면서 촬영했던 사진들을 메이킹 필름 형식으로 만들어 스토리 하이라이트로 제작하면 훌륭한 효과를 낼 수 있습니다. 자신의 관심사를 표현하고 강조하고 싶은 이야기를 스토리 하이라이트로 만들면 개인 브랜딩을 할 때에도 도움이 됩니다.

더불어 구독자들이 관심 있을 만한 주제를 종류별로 묶어서 모음집 형태로 보여주는 형식으로도 표현이 가능합니다(예를 들어 서울 맛집 스토리 하이라이트, 부산 맛집 스토리 하이라이트 등). 스토리 하이라이트로 자신의 콘텐츠를 표현하는 방법에는 제한이 없으니 재미있는 아이디어를 생각해보고 자유롭게 연출해보세요.

3. 해시태그 팔로우

인스타그램은 해시태그(#)를 빼놓고는 설명하기 어려운 SNS 플랫폼이면서 동시에 모든 SNS들 중에서 해시태그를 가장 활발하게 활용할 수 있는 SNS이기도 합니다. 중요한 관심사라면, 반드시 해당 해시태그가 게시물에 포함되어 있을 것이고 그것을 검색하는 건 쉬운 일입니다. 그런데 관심사를 찾기 위해 매번 검색해야 한다면 번거로운 일이 아닐 수 없는데요. 친구들이 올린 게시물처럼 해시태그 검색 결과도 자동으로 나타나도록 할 순 없을까요? 방법이 있습니다. 사용자가 아니라 해시태그 자체를 팔로우 하는 기능이 있습니다 (여기에서는 #서울맛집 해시태그를 팔로우 해보겠습니다).

해시태그 팔로우하기

인스타그램 하단에 있는 돋보기 모양의 검색 버튼을 눌러 검색창으로 이동합니다. 그런 다음 제일 위에 있는 검색창에 원하는 해시태그 검색어(여기에서는 서울맛집)를 입력한 후 바로 아래에서 [태그] 탭을 눌러 이동한 뒤 정확한 검색어인 '#서울맛집'을 클릭합니다.

해시태그를 선택해서 들어가면 제일 위에 파란색으로 된 [팔로우]라는 버튼이 보입니다. 여기에서 팔로우를 해 주면 해시태그가 팔로우 됩니다. 이후부터는 해당 해시태 그(#서울맛집)가 포함된 게시물이 올라올 경우 나의 인스 타그램 첫 화면에서 해당 게시물을 볼 수 있습니다.

해시태그 팔로우 취소하기

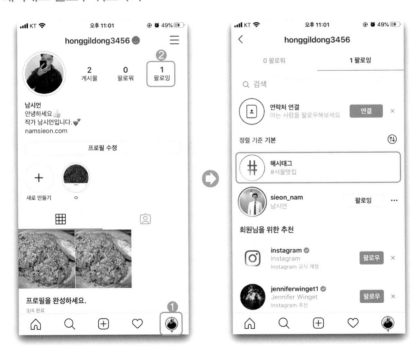

하단에 있는 [프로필] 버튼을 눌러 자신의 인스타그램 프로필로 접속한 다음 [팔로잉] 버튼을 누 릅니다. 여기에서 현재 자신이 팔로잉하고 있는 목록을 볼 수 있습니다. 사용자 목록과 해시태그 목록을 볼 수 있는데 해시태그 목록을 클릭합니다.

Q 해시태그를 팔로우 했는데 팔로잉 숫자가 늘어나지 않아요.

A. 해시태그는 사용자는 아니므로 팔로잉 숫자가 늘어나지 않습니다. 팔로잉 숫자는 사용자를 기준으로 하는 수치입니다.

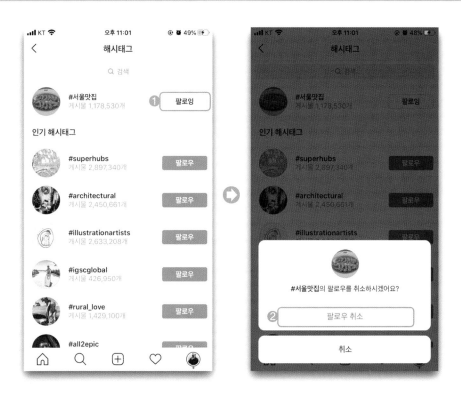

해시태그 목록에서 자신이 팔로우하는 해시태그가 보입니다. 여기에서 팔로우를 취소하고 싶은 해시태그 옆에 [팔로잉] 버튼을 누른 뒤 [팔로우 취소]를 선택하여 팔로우를 취소합니다.

독자 Q&A

Q 해시태그 팔로우를 잘하는 방법이 있나요?

A. 해시태그 팔로우 기능은 사용자를 팔로우하는 것과 비교해서 더 유용할 때가 있습니다. 대부분의 인스타그램 고급 사용자들이 여러 개의 해시태그를 팔로우하면서 정보를 편하게 얻고 있으며 팔로우 취소 역시 언제든지 가능하기 때문에 부담 없이 팔로우할 수 있다는 장점이 있습니다.

하지만 팔로우할 해시태그를 직접 선정해야 한다는 문제점도 있는데요. 예를 들어 '#여행'이라는 해시태그를 팔로우한다면 너무 자주 올라오는 게시물로 인해 정확한 정보를 얻기가 어려울 것입니다. 반대로 '#남시언'이라는 해시태그를 팔로우한다면 게시물이 거의 올라오지 않으므로 해시태그를 팔로우하는 의미가 없어집니다. 따라서 해시태그 팔로우를 하려면 구체적이고 정확한 해시태그를 정해야 합니다. '#여행' 보다는 '#유럽여행'이 훨씬 정확한 정보를 얻을 수 있습니다.

정확한 해시태그를 팔로우하기 위한 방법

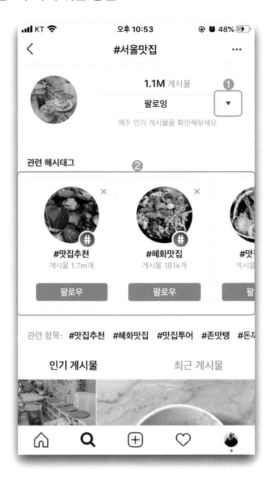

해시태그 [팔로우] 버튼 오른쪽에 보면 뒤집어진 삼각형 모양의 작은 버튼이 있습니다. 관련된 해시태그를 보여주는 버튼으로 내가 검색한 검색어와 연관된 해시태그들을 보여주는 기능입니다. 여기에서 보다 정확하고 구체적인 해시태그를 찾을 수 있으며 종종 생각하지 못했던 해시태그를 발견할 수도 있습니다.

4. 해시태그 주제별 채널

인스타그램 둘러보기를 통해 주제별 해시태그 채널을 이용할 수 있습니다. 인스타그램의 설명에 따르면, 매일 2억 명 이상이 둘러보기 메뉴를 통해 새로운 아이디어와 영감의 대상을 만나고 있다고 합니다. 주제별 채널은 다양한 해시태그를 묶어놓은 카테고리 같은 개념입니다. 주제별 채널을 통해 색다른 게시물을 만나보고 좋아하는 계정을 찾을 수 있습니다.

인스타그램 하단 메뉴에서 돋보기 모양의 검색창을 눌러 들어가면 검색창 바로 밑에 주제별로 묶인 버튼이 있습니다. IGTV, 샵, 여행, 게임, 음식, 동물 등 다양한 주제들이 게시물을 가지고 있어서 원하는 버튼을 눌러 확인할 수 있습니다.

GTV는 인스타그램 전용 동영상 플랫폼으로 60초(1분) 이상의 동영상을 올릴 수 있도록 만들어진 시스템입니다. IGTV에 대해서는 다음 장에서 자세히 설명합니다. 샵의 경우 인스타그램에 링크된 상품을 바로 구매할 수 있는, 쉽게 설명해서 SNS안에서 쇼핑하는 기능입니다. 실제 인스타그램에는 다양한 상품들이 판매되고 있으며, 편리하게 상품 구매 페이지로 이동할 수 있습니다.

이외에도 게임, 음식, 동물 등 다양한 주제별 채널들이 있으니 자신의 관심사가 있다면 주제별 채널을 둘러보면서 전 세계 사람들이 어떻게 일상을 보내는지 확인해보세요.

5. 인터랙티브 이모티콘

전통적인 SNS에서는 내가 이야기하고 구독자는 댓글로 소통하는 방식이 일반적이었습니다. 이렇듯 단방향으로 정보를 전달하는 형태에서는 사용자 참여도가 낮아서 함께 무언가를 만들어간다는 느낌은 부족한데요. 인스타그램의 장점은 구독자들과 쉽게 소통할 수 있는 기능이 많다는 점입니다. 인터랙티브란 사람들로부터 입력을 받는 것을 말하며, 사용자들로부터 특정 정보를 입력받아 거기에 답변하는 식으로 스토리 게시물을 활용해 구독자들과 소통할 수 있는 재미있는 방법입니다. 인터랙티브 이모티콘의 종류에는 여러 가지가 있으며 대표적으로 많이 사용되는 몇 가지의 기능을 소개합니다.

질문하기(설문)

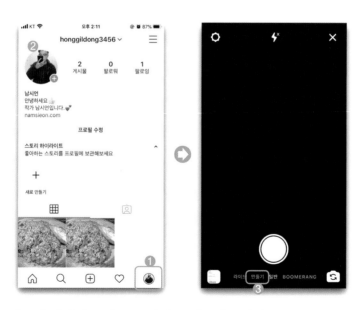

인터랙티브 이모티콘 슬라이더를 만드는 방법은 인스타그램의 스토리를 생성하는 방법과 처음에는 똑같습니다(Step 6 '인스타그램 스토리 게시물 올리기' 참조(120쪽)). 자신의 프로필에서 프로필 사진을 클릭하면 [일반] 탭으로 스토리를 올릴 수 있는 기능이 나타나는데요. 여기에서 [일반] 탭이 아니라 [만들기] 탭을 클릭합니다.

[만들기] 탭에서 촬영 버튼을 이동하면 [설문]으로 옮길 수 있습니다. 설문으로 설정하면 '질문을 입력하세요...'라는 메시지가 나타나고 바로 아래쪽에 2가지의 버튼이 생성됩니다.

'질문을 입력하세요...' 버튼을 클릭하면 질문의 제목을 정할 수 있고 아래쪽 버튼을 클릭하면 각 버튼마다 이름을 수정할 수 있습니다. 예를 들어 질문 제목을 "오늘 기분이 어떠세요?"라고 변경하고 버튼을 [좋아요]와 [나빠요]로 변경할 수 있습니다.

변경이 완료되었다면 아래쪽에 있는 촬영 버튼을 클릭한 다음 [받는 사람]을 눌러 스토리 생성을 완료합니다.

이제 친구들이 내 인스타그램의 스토리에서 질문을 보고 버튼을 눌러 재미있게 투표를 진행할 수 있습니다. 퍼센테이지(%)는 누구나 확인할 수 있으며 누가 어떤 곳에 투표하였는지는 스토리를 생성한 사람만이 볼 수 있습니다. 재미있게 친구들과 소통하는 방법으로 누가 어떤 곳에 투표했는지를 보면서 더 좋은 아이디어를 떠올릴 수도 있겠죠?

질문받기(무엇이든 물어보세요)

인스타그램 친구들을 대상으로 질문을 받아보는 것도 재미있겠죠? 질문을 하는 스토리가 있는가 하면, 친구들이 나에게 질문을 할 수 있는 스토리도 만들 수 있습니다. 바로 인스타그램 스토리 기능 중 하나인 질문받기가 그것이죠.

질문하기 스토리와 마찬가지로 자신의 인스타그램 프로필에서 사진을 클릭한 다음 아래쪽에서 [만들기] 탭을 클릭합니다.

이번에는 [설문] 탭이 아니라 바로 옆에 있는 [질문] 탭을 클릭합니다. [질문] 탭을 클릭하면 '무엇이든 물어보세요!'라는 메시지가 나타나며 아래쪽에 질문을 입력할 수 있는 입력창이 있는 스토리가 생성됩니다. 이대로 사용해도 무방하며 '무엇이든 물어보세요!'라는 제목을 바꾸고 싶다면 글자를 클릭하여 수정할 수 있습니다.

설정이 완료되었다면 아래쪽에 있는 [촬영] 버튼을 누른 다음 받는 사람을 클릭하여 스토리 생성을 완료합니다.

이제 친구들은 스토리의 질문 입력창을 보고 자유롭게 질문을 할 수 있습니다. 질문이 오게 되면 인스타그램 알림창에서 스티커에 응답했다는 알림이 옵니다.

알림을 클릭하면 해당 질문에 대한 답글달기를 할 수 있는 버튼이 나옵니다. 질문을 한 사람에게 인스타그램 메시지(DM)를 보낼 수도 있고 스토리로 다시 만들어서 공유할 수 있습니다. 스팸 질문 등 적절하지 않은 질문은 [응답 삭제]를 눌러 삭제하는 것도 가능합니다.

GIF 삽입하기

작은 GIF를 인스타그램 스토리에 붙이면 더욱 재미있는 스토리를 생성할 수 있습니다.

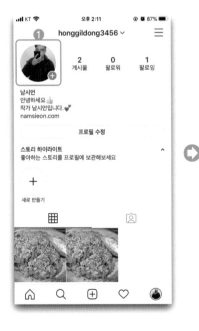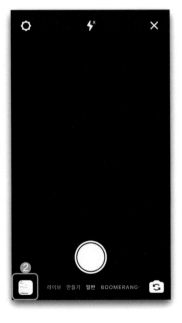

일반적인 스토리를 생성하는 과정과 동일하게 자신의 프로필을 클릭 후 앨범(갤러리)에 있는 사진을 클릭하여 먼저 사진을 선택합니다.

🔁 **독자 Q&A**   Q. GIF가 무엇인가요?

A. GIF(Graphics Interchange Format)는 웹사이트 등에서 사용하는 움직이는 이미지입니다. 움직이긴 하지만 오디오가 없으므로 동영상은 아니며 움직이는 사진 형태의 콘텐츠라 할 수 있습니다.

사진을 선택하면 상단에 네모 모양으로 사람 얼굴 모양이 있는 버튼이 생성됩니다. 이 버튼은 스토리에 다양한 객체들을 추가할 수 있는 버튼입니다. 이 버튼을 클릭한 후 [GIF]라고 적힌 버튼을 클릭합니다.

인기 검색으로 추천된 GIF를 클릭하거나 상단에 있는 'GIPHY 검색창'에 원하는 검색어를 입력하여 적절한 GIF 그래픽을 찾아 선택해주면 자동으로 스토리에 움직이는 사진인 GIF가 추가됩니다.

🔁 독자 Q&A   Q GIF를 사용하면 어떤 장점이 있나요?

A. 사진은 멈춰있어서 정적인 느낌을 주지만, GIF는 움직이기 때문에 시선을 사로잡고 유머스럽게 표현할 때 유용합니다. 이러한 이유로 인스타그램 사용자들이 스토리에서 GIF를 적극적으로 활용하고 있습니다.

　　GIF를 삭제하고 싶으면 GIF를 손가락으로 꾹 누른 상태에서 손가락을 떼지 말고 움직여보세요. 그러면 아래쪽에 휴지통이 나타나며 이 휴지통으로 GIF를 움직여 넣어주면 쉽게 삭제할 수 있습니다.

인터랙티브 이모티콘 슬라이더

　　인터랙티브 이모티콘 슬라이더는 슬라이더 형태로 움직이면서 사용자의 응답을 받을 수 있는 귀여우면서 재미있는 기능입니다. 인스타그램 스토리에 인터랙티브 이모티콘 슬라이더를 추가하고 왼쪽 또는 오른쪽으로 이동하면서 답변을 받을 수 있죠. 친구들, 그리고 팔로워와 한층 더 가까워질 수 있는 참여형 소통 기능입니다.

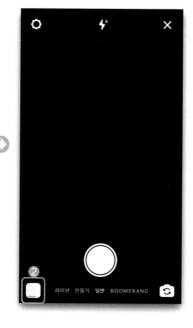

　　인터랙티브 이모티콘 슬라이더를 추가하려면 우선 인스타그램에 스토리를 생성합니다.

그런 다음 하트 모양의 눈을 가진 이모티콘 슬라이더 버튼을 클릭하여 이모티콘 슬라이더를 추가합니다.

인터랙티브 이모티콘 슬라이더가 추가되면 여러 가지 객체를 활용해 예쁘게 만들 수 있습니다.

❶ 질문을 입력하는 전체 창의 색상을 변경합니다.

❷ '질문을 입력하세요...'라는 글자를 변경합니다.

❸ 슬라이더로 움직일 이모티콘 자체를 변경합니다.

▲ 인터랙티브 이모티콘 슬라이더 예시

크리스마스 트리 사진을 올리면서 색상을 변경했고 질문을 바꾸었습니다. "얼마나 작을까요?"라는 질문으로 이모티콘 슬라이더를 만들어보았습니다. 작성이 완료되면 스토리 공유를 하는 방식으로 [받는 사람] 탭을 눌러 마무리합니다.

이제 친구들과 팔로워들은 내 스토리에서 내가 추가한 인터랙티브 이모티콘 슬라이더를 확인하고 자신만의 답변을 슬라이더를 통해 입력할 수 있습니다. 입력이 완료되면 '평균 답변' 수치를 보여주기 때문에 내가 입력한 수치와 다른 사람들의 평균 수치를 비교할 수 있는 화면도 나옵니다.

스토리를 확인하면 친구들이 입력한 응답 수치를 확인할 수 있습니다.

6. IGTV

인스타그램 IGTV는 유튜브와 비슷한 동영상 플랫폼입니다. 인스타그램판 유튜브라고도 볼 수 있는데요. 아직까지는 일반 유저들에게 다소 생소하고 국내에서는 유튜브가 대단히 큰 인기를 끌고 있는 까닭에 인스타그램 IGTV는 사용자가 그렇게까지 많지는 않습니다. 그럼에도 콘텐츠 크리에이터들은 인스타그램 IGTV를 적극적으로 활용합니다. IGTV 채널을 생성하여 자신의 비디오를 업로드할 수 있습니다.

유튜브가 전문 동영상 크리에이터들이 활동하는 무대라면, 인스타그램 IGTV는 비전문 콘텐츠 크리에이터들이 동영상을 활용해 활동하기에 좋은 무대라 할 수 있습니다.

인스타그램 IGTV 채널의 장점은 다음과 같습니다.

· 1분 제한이 아닌 15분 제한의 영상을 업로드 할 수 있다.
　(인증된 계정의 경우에는 최대 60분짜리 동영상 업로드 가능)
· 세로 방향 동영상에 최적화되어 있다.
· 모바일에서 전체화면으로 보여줄 수 있다.
· mp4 파일포맷을 이용한다.
· 누구나 채널을 만들 수 있고 누구나 IGTV 콘텐츠를 업로드할 수 있다.
· IGTV 게시물도 인스타그램의 일반 게시물처럼 해시태그 등으로 노출할 수 있다.

IGTV에 동영상 올리기

과거에는 인스타그램 IGTV 앱을 별도로 설치해야 했지만, 이제는 인스타그램 앱 자체에서도 IGTV를 이용할 수 있습니다.

인스타그램에서 IGTV 콘텐츠를 업로드하려면 인스타그램을 실행한 후 우측 상단에 있는 TV 모양의 버튼을 클릭합니다.

여기서 잠깐!

인스타그램 IGTV에는 동영상의 길이가 1분 이상 15분 이하의 영상만 업로드할 수 있습니다. 1분 미만의 동영상은 IGTV에 올릴 수 없으며 일반 게시물로 업로드해야 합니다.

우측 상단에 있는 + 버튼을 누르면 앨범(갤러리)이 나타납니다. 여기에서 IGTV에 올리고 싶은
동영상을 선택해줍니다.

1분 이상 길이의 동영상을 선택한 후 다음을 클릭합니다.

이제 동영상의 썸네일 이미지(미리보기 이미지)를 결정하고 제목과 설명을 넣은 다음 [게시]를 눌러주면 IGTV에 동영상 올리기가 완료됩니다.

❶ 올리고자하는 동영상에서 썸네일 이미지(미리보기 이미지)를 선택합니다.

❷ 동영상 썸네일 이미지를 별도의 사진으로 고를 때 사용합니다.

❸ 동영상의 제목을 입력합니다.

❹ 동영상의 설명을 입력합니다. 설명란에 해시태그를 넣을 수 있습니다.

❺ 인스타그램 피드에 내가 올린 IGTV 동영상을 보여줄 때 사용합니다.

❻ 동영상 썸네일 이미지를 수정합니다.

❼ ❻번과 마찬가지로 동영상 썸네일 이미지를 수정할 때 사용합니다.

여기에서는 간단하게 제목과 설명을 입력하여 게시해보겠습니다.

여기서 잠깐!

실제 IGTV에 동영상을 업로드할 때엔 이모티콘 등을 섞어 입력해주면 훨씬 인스타그램스러운 게시물이 만들어집니다.

인스타그램 IGTV를 활용해 동영상 올리기가 끝났습니다. IGTV 동영상 게시물은 게시물 미리보기 화면에서 게시물 우측 상단에 TV 모양 아이콘이 표시되어 직관적으로 알아볼 수 있습니다. 또한, 자신의 인스타그램 화면에서 두 번째 탭(TV 모양 아이콘)을 클릭하면 IGTV에 업로드한 모든 게시물들을 묶어 한 눈에 확인할 수 있습니다.

팔로우 중인 계정에서 IGTV 동영상을 업로드하면 인스타그램 화면 상단에서 알림을 보내줍니다.

7. 네임태그

인스타그램 네임태그는 이미지 형태로 만들어진 인스타그램 계정 전용 카드입니다. 인스타그램에서 통용되는 명함같은 것이라고 생각하면 쉬운데요. 보다 쉽게 친구의 계정을 팔로우할 수 있도록 도와주는 역할을 합니다.

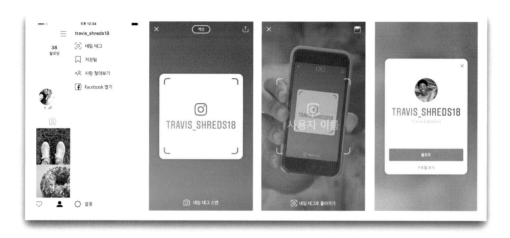

인스타그램 앱 자체에서 네임태그를 만들 수 있으며 다른 사람의 네임태그를 스캔할 수 있는 기능도 포함되어 있어서 사용하기가 무척 편리합니다. 네임 태그 스캔을 통해 다른 인스타그램 사용자의 프로필을 찾을 수 있는 일종의 ID카드로 사용자마다 고유한 네임 태그가 부여됩니다. 자신만의 태그 디자인을 자유롭게 설정할 수 있는 것도 매력이죠.

자신만의 네임태그 만들기

네임태그를 생성하려면 자신의 인스타그램 프로필 상단에 있는 메뉴 아이콘을 누른 후 [네임태그] 버튼을 클릭합니다.

네임태그가 생성되면 화면 이곳저곳을 눌러보세요. 색상을 변경할 수 있습니다. 인스타그램 감성에 어울리는 예쁜 색상의 네임 태그들이 준비되어 있답니다.

화면 상단에 있는 [색상] 버튼을 누르면 '이모티콘' 모드로 변경됩니다. 이모티콘 모드에서는 색상 대신 여러 가지 이모티콘을 이용해 네임태그를 만들 수 있습니다. 원하는 스타일로 만들어보세요. 화면 아래쪽에 있는 네임태그 스캔을 누르면 다른 사람이 만든 네임태그를 스캔할 수 있습니다.

네임태그 이미지로 저장하기

인스타그램을 이용하기 위해서는 먼저 인스타그램 앱을 설치하고 회원가입을 진행해야 합니다. 스마트폰에 인스타그램을 설치할 수 있으며 누구나 무료로 가입 후 이용할 수 있습니다.

화면 우측 상단에 있는 [공유하기] 버튼을 클릭하면 네임태그를 저장할 수 있습니다. 갤러리에 이미지로 저장해두면 네임태그를 문자 메시지나 페이스북 등 다른 SNS와 메신저를 통해 다른 사람과 공유할 수 있습니다.

⇄ 독자 Q&A   **Q 네임태그를 오프라인에서도 사용할 수 있나요?**

A. 네임태그는 이미지 형태의 ID카드이기 때문에 오프라인에서도 사용할 수 있습니다. QR코드와도 비슷하다고 할 수 있는데요. QR코드는 오래된 방식이며 모양이 네임태그에 비해 예쁘지가 않아서 인스타그램 네임태그를 종이나 명함 등에 삽입하여 만들면 크리에이티브한 포트폴리오를 만들어 활용할 수 있습니다.

8. 친한 친구들에게만 스토리 공유하기

인스타그램에 비교적 최근에 추가된 기능은 친한 친구 기능입니다. 이 기능은 인스타그램이라는 SNS의 개방성에 다소 비밀스러운 느낌을 주는데요. 친한 친구 기능은 페이스북의 친구 리스트처럼 친한 친구 리스트를 만들어서 친한 친구 리스트에 속한 사람에게만 스토리 게시물을 보여주는 기능입니다.

모든 팔로워들에게는 공개하고 싶지 않고 특정 사람들, 말 그대로 친한 친구들에게만 공유하고 싶은 스토리 게시물이 있을 때 요긴하게 쓸 수 있는 기능입니다.

여기서 잠깐!

인스타그램 친한 친구 리스트 기능은 팔로우하는 사람만 리스트에 추가할 수 있습니다. 자신만의 소규모 그룹을 만들어서 그들에게만 스토리 게시물을 공유하는 방식입니다.

스토리 게시물을 평소처럼 추가하는 화면에서 친한 친구만 추가할 수 있는 버튼이 하단에 자리 잡고 있습니다. 이 버튼을 누르면 친한 친구 리스트를 만들 수 있습니다. [친한 친구 리스트 수정]으로 들어갑니다.

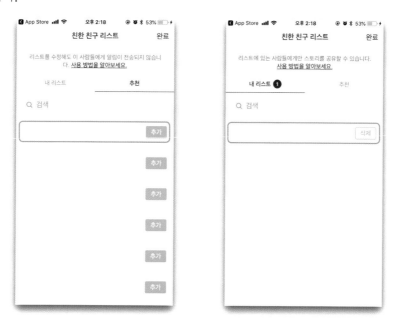

친한 친구 리스트는 처음에는 추천 리스트로 나오며 검색을 통해 친구를 추가할 수 있습니다. 내 리스트에서 친한 친구 목록을 볼 수 있으며 삭제도 얼마든지 가능합니다. 친한 친구 리스트에 친구를 추가하려면 [추가]를, 삭제하려면 [삭제]를 누릅니다.

친한 친구용 스토리 게시물을 올리면 일반적인 알록달록한 인스타그램 색상이 아니라 초록색으로 스토리에 표시됩니다. 친한 친구용 스토리 게시물은 우측 상단에 친한 친구라는 표시가 있어서 친한 친구용인지 일반용인지 쉽게 확인할 수 있습니다.

친한 친구에 추가하거나 삭제해도 해당 사람에게 알림이 가거나 하지 않기 때문에 리스트를 자유자재로 만들 수 있습니다. 따라서 팔로워뿐만 아니라 친한 친구에 추가해주는 조건, 그러니까 팔로우와 친한 친구 리스트에 추가하는 것까지 고려하는 것이 좋습니다.

9. 인스타그램에서 라이브 방송하기

인스타그램에서는 누구나 라이브 방송을 할 수 있습니다. 라이브는 말 그대로 실시간 방송으로 사용자들이 인스타그램에서 특히 좋아하는 소통 방법 중 하나입니다. 국내 인스타그램 환경에서는 인플루언서들과 여러 크리에이터들, 그리고 연예인들이 활발하게 인스타그램 라이브 방송을 활용합니다. 팬들과 직접 이야기를 나눌 수 있고 팬들이 올린 댓글로 소통할 수 있기 때문입니다.

인스타그램 라이브 방송 특징

인스타그램 라이브 방송의 특징은 바로 휘발성입니다. 실시간 방송을 놓치면 그 방송을 다시 볼 수 없다는 점이 매력으로 작용하고 있습니다. 라이브 공유 기능을 사용하면 24시간동안은 인스타그램 스토리로 영상을 다시 볼 수 있지만, 그 이후에는 사라져버리죠. 이러한 이유로 인스타그램 라이브 방송은 다른 SNS 라이브에 비해 시청률이 높은 편이며 페이스북이나 유튜브 라이브 방송과 차별화 됩니다.

라이브 방송을 시작하려면 화면 왼쪽 상단에서 [카메라] 버튼을 클릭하거나 인스타그램 화면을 오른쪽으로 손가락을 이용해 밀어줍니다.

아래쪽에서 [라이브]라고 된 탭으로 설정한 다음 가운데 촬영 버튼을 누르면 라이브 방송이 시작됩니다. 라이브 방송이 시작되면 인스타그램 친구들에게 라이브 방송이 시작 되었다는 알림이 발송됩니다. 이 알림을 받고 친구들과 팔로워들이 실시간 방송에 참여할 수 있습니다. 또한 인스타그램 화면 최상단에 자리잡은 스토리 표시 구역에도 라이브 방송 중이라는 표시가 나오며 제일 앞으로 이동되어 주목성이 높아집니다. 이러한 주목성과 알림 기능은 크리에이터에게 매우 소중하고 유용한 기능입니다.

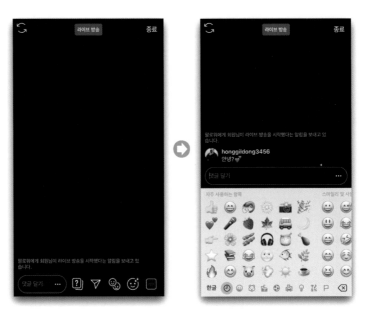

라이브 방송이 시작되었습니다. 이제 조금 기다리면 친구들과 팔로워들이 실시간 방송에 참여할 것입니다. [댓글 달기] 창을 활용해 댓글로 시청자들과 소통할 수 있으며 스티커를 표현하거나 사진을 보여줄 수도 있습니다.

최상단 가운데 있는 곳에 시청자 숫자가 표시되며 상단 왼쪽에 있는 화살표를 누르면 스마트폰의 카메라를 앞/뒤로 전환할 수 있습니다.

라이브 방송을 종료하려면 우측 상단에 있는 [종료] 버튼을 누릅니다. 그런 다음 [지금 종료하기]를 눌러 종료합니다. 종료를 하게 되면 총 3개의 버튼이 나오는데요. 각 기능을 알아보겠습니다.

❶ 라이브로 방송했던 동영상을 앨범(갤러리)에 저장하는 버튼입니다.

❷ 라이브 방송을 동영상 형태로 스토리에 공유합니다(24시간 동안 유지됩니다).

❸ 라이브 방송본을 저장하거나 스토리로 공유하지 않고 바로 삭제합니다.

💬 **독자 Q&A**　　Q. **라이브 방송을 꼭 해야 하나요?**

A. 인스타그램을 사용한다고 해서 라이브 방송을 반드시 해야 하는 것은 아닙니다. 하지만 라이브 방송은 모든 SNS에서 각광받고 있는 실시간 방송 시스템이며 시청자들과 효과적으로 소통하고 재미있게 이야기를 나눌 수 있는 하나의 문화로 자리 잡고 있습니다. 처음 라이브 방송을 시작하면 조금 쑥쓰러울 수 있지만, 누구나 겪는 문제이며 시간이 지나면 자연스럽게 해결됩니다. 지금 당장은 아니더라도 나중에 구독자들이 늘어나면 라이브 방송으로 시청자들과 소통해보시기 바랍니다.

08 : 인플루언서가 되기 위한 인스타그램 활용 노하우

1. 비즈니스 계정으로 전환하기(프로페셔널 계정)

인스타그램에는 실제로 두 가지 종류의 계정이 있습니다. 일반 사용자들이 활용하는 일반 계정과 비즈니스 계정(프로페셔널 계정)이라고 부르는 업그레이드된 기능을 제공하는 계정이 그것입니다. 어떤 계정으로 활용해도 인스타그램의 기능은 대부분 비슷하며 1인 미디어나 개인, 프리랜서 등에게는 일반 계정으로도 충분히 원하는 결과를 얻을 수 있습니다. 반면에 스타트업이나 자영업자, 크리에이터나 인플루언서가 되고싶은 분들이라면 나중에 비즈니스 관련된 정보를 제공해야 할 수 있어서 비즈니스 계정으로 전환하는 것도 고려해볼 수 있습니다.

비즈니스 계정(프로페셔널 계정)으로 전환하면 다음과 같은 장점이 있습니다.

· 게시물의 인사이트(통계)를 확인할 수 있습니다.
· 영업시간, 매장 위치, 전화번호, 이메일 보내기 등 비즈니스 정보를 추가할 수 있습니다.
· 인스타그램 시스템의 스폰서 광고를 집행(유료)할 수 있습니다.
· 계정에서 인기 게시물을 확인하고 조회수를 확인할 수 있습니다.

> ⇄ **독자 Q&A**　Q **비즈니스 계정은 언제 사용하나요?**
>
> **A.** 비즈니스 계정을 사용할 수 있는 제한사항은 없습니다. 공인이나 콘텐츠 제작자, 아티스트나 인플루언서, 자영업자, 지역 기반 비즈니스, 브랜드, 단체 등 원하는 곳이라면 모두 사용할 수 있습니다. 계정의 명칭이 비즈니스 계정에서 최근에 프로페셔널 계정으로 변경되었습니다. 비즈니스 계정으로 전환했다가 다시 개인 계정으로 복귀할 수도 있습니다.

비즈니스 계정(프로페셔널 계정)은 누구나 무료로 만들 수 있습니다. 기존에 생성된 일반 계정을 비즈니스 계정으로 전환하면 됩니다. 여기에서는 일반 계정을 비즈니스 계정(프로페셔널 계정)으로 전환하는 방법에 대해 소개합니다.

비즈니스 계정을 생성하고 인스타그램에서 제품 카탈로그 등의 기능을 활용하기 위해서는 먼저 페이스북 페이지를 생성한 후 페이스북 페이지와 인스타그램 계정을 연결해주어야 합니다. 제품 카탈로그 등 고급 기능을 사용하지 않는다면, 페이스북 페이지 연결은 하지 않아도 됩니다.

비즈니스 계정(프로페셔널 계정)으로 전환하는 방법

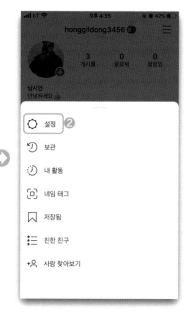

인스타그램 프로필 화면에서 우측 상단에 있는 [메뉴] 버튼을 클릭한 다음 [설정]으로 들어갑니다.

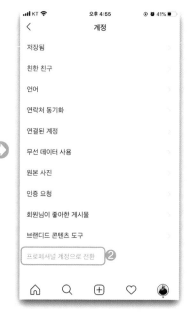

계정 메뉴에서 [프로페셔널 계정으로 전환] 버튼을 클릭합니다.

크리에이터 카테고리와 비즈니스 카테고리를 정해준 뒤 [다음]을 누릅니다. 자신의 환경에 맞는 것으로 정하면 되며 약간의 차이만 있을 뿐 대부분의 기능이 동일하게 지원되므로 카테고리는 단순히 구분하는 용도로 생각해주세요. 여기에서는 크리에이터 카테고리로 계정을 생성해보겠습니다.

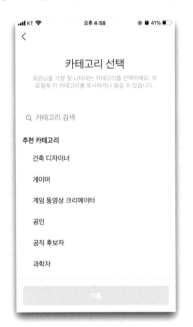

이제 세부 카테고리를 선택해야 합니다. 이 세부 카테고리는 나중에 계정 전환이 완료되면 인스타그램 프로필 하단에 표시되는 부분이므로 신중하게 골라야합니다. 여러 가지 카테고리가 있으므로 천천히 훑어본 뒤 자신에게 가장 잘 맞는 카테고리로 골라주세요. 여기에서는 작가 카테고리를 정하고 진행하겠습니다.

이제 페이스북 페이지를 연결할 차례입니다. 하지만 여기에서는 페이스북 페이지를 생성하지 않았으므로 아래쪽에 있는 '지금 Facebook에 연결 안 함'을 눌러주세요. 그런 다음 연락처를 입력합니다. 연락처는 이메일과 전화번호를 넣을 수 있는데요. 둘 중에 반드시 하나 이상은 들어가야 하며 두 가지 모두 입력해도 됩니다. 입력하는 곳은 나중에 프로필에서 [전화하기]등으로 바로 연결되는 버튼이 생성됩니다.

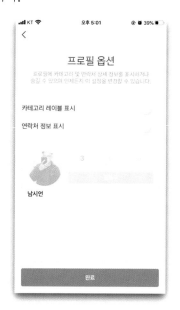

프로필 옵션을 설정합니다. 카테고리 레이블 표시를 설정하면 인스타그램 프로필에서 이름 바로 아래에 방금 전에 세부 카테고리에서 설정한 카테고리(여기에서는 작가)가 표시됩니다. 연락처 정보 표시를 설정하면 인스타그램 프로필 아래에 해당 버튼이 추가됩니다. 이 버튼을 누르면 바로 이메일을 보내거나 전화를 걸 수 있는 기능이 지원됩니다.

축하합니다! 이제 인스타그램 비즈니스 계정(프로페셔널
계정)으로 전환되었습니다.

비즈니스 계정(프로페셔널 계정)에서 지원되는 추가 기능

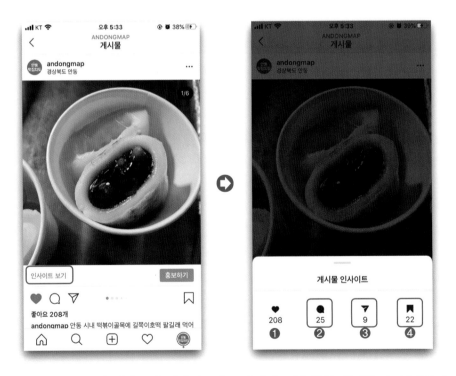

계정이 전환되면 게시물의 성과를 측정할 수 있는 인사이트(통계)를 확인할 수 있게됩니다. 게시
물 아래쪽에 [인사이트 보기]를 클릭하면 게시물의 인사이트가 표시됩니다.

❶ 게시물의 좋아요 숫자입니다.

❷ 게시물에 달린 댓글의 숫자입니다.

❸ 해당 게시물을 다이렉트 메시지로 전송한 수치입니다.

❹ 해당 게시물을 컬렉션에 저장한 수치입니다.

인사이트를 활용하는 방법

주기적으로 인사이트를 확인하면서 어떤 게시물이 인기가 있었는지 또는 인기가 없었는지를 파악하여 구독자들이 어떤 방향을 좋아하는지 유추해볼 수 있고 다음번 콘텐츠를 만들 때 참고할 수 있습니다.

게시물 인사이트를 확인하면서 손가락을 이용해 인사이트 화면을 위로 쓸어올리면 더 자세하게 표시된 수치를 확인할 수 있습니다.

2. 해시태그 활용 전략

인스타그램을 보면 어떤 게시물은 인기가 있고 어떤 게시물은 인기가 없는데 그 이유는 무엇일까요? 또 내가 만든 콘텐츠를 보다 많은 사람들에게 노출되도록 만들어서 효과를 높이고 싶을 땐 어떻게 해야 할까요? 인스타그램에서는 해시태그가 매우 중요한 위치를 차지하고 있으며 해시태그를 잘 선정해야 더 많이 노출되도록 만들 수 있습니다. 전세계 인스타그램 사용자들이 즐겨 사용하는 인스타그램 해시태그 활용 전략 두 가지를 소개합니다.

해시태그 선정 전략

인스타그램은 게시물당 해시태그가 30개로 제한되어 있는데다가 30개를 꽉 채우는 것도 힘든 일입니다. 더불어 불필요한 해시태그가 많이 섞여있게 되면 정확한 타겟층 팔로워들에게 효과적으로 노출이 되지 않을 가능성이 높아서 명확한 해시태그를 정하는 게 중요합니다.

인스타그램에서 한국어로 된 해시태그를 고르는 가장 기본적인 전략은 인스타그램 검색창에서 기본적인 키워드를 검색해서 보다 많은 숫자를 가진 해시태그를 정하는 것입니다. 예를 들어 #서울데이트와 #서울데이트코스 둘 중 하나만 골라야한다면 게시물 숫자가 더 많은 #서울데이트가 더 효과적입니다. #맛집탐방과 #맛집투어 중 하나만 골라야한다면 #맛집탐방이 게시물 숫자가 더 많으므로 #맛집탐방을 고릅니다.

너무 인기 없는 해시태그는 되도록 사용하지 않는 것이 좋습니다. 어차피 검색될 확률이 낮으며 불필요하게 해시태그만 늘어나기 때문이죠. 예를 들어 '남시언'이라는 해시태그는 사실상 거의 검색되지 않으며 게시물 숫자도 많지 않아 해시태그로 사용할 때 좋은 해시태그는 아닙니다.

보통 게시물 수 1,000개 미만은 가능하면 선정하지 않는 게 일반적입니다. 한 가지 예외가 있다면 자신만의 해시태그를 개발하여 발전시키는 과정일 때입니다. 이때에는 자신만의 해시태그를 개발하여 적극적으로 활용할 수 있습니다.

또하나 알아둘 것은 게시물 숫자가 압도적으로 많은 해시태그를 사용하는 것도 좋은 전략은 아닙니다. 예를 들어 #여행이라는 해시태그는 게시물 숫자가 무려 4천 6백만 개가 넘는 수치를 보여주고 있는데요. 이러한 해시태그에는 정말 많은 사람들의 게시물이 올라가고 있고 경쟁이 치열합니다. 따라서 내 게시물에 #여행이라는 해시태그를 삽입해도 다른 게시물에 밀려 금방 내려가 버립니다.

최고 수준으로 인기 있는 해시태그를 사용하려면 자신의 콘텐츠가 남들과 차별화되고 퀄리티가 압도적으로 좋아야합니다. 그렇지 않을 경우 너무 인기 있는 게시물들 사이에서 내 게시물은 금세 잊혀 질 것이고 다른 해시태그를 고르는 것이 차라리 낫습니다.

독자 Q&A Q **어떤 해시태그를 골라야하나요?**
- -

A. 제가 추천하는 해시태그 선정 전략은 이렇습니다. 게시물 숫자를 기준으로 할 때 1천개(1K) 이상 ~ 1백만 개(1M) 미만 또는 1천만 개(10M) 미만의 해시태그들 중에서 게시물 숫자가 높은 해시태그를 정하는 것입니다.

해시태그를 비교 분석하기 좋은 사이트

스타태그(https://startag.io)라는 홈페이지에 접속하면 해시태그에 대한 다양한 정보를 한 눈에 확인할 수 있습니다.

해당 사이트 검색창에서 원하는 키워드를 검색하면 관련 해시태그들의 목록과 다양한 수치들을 일목요연하게 확인하며 비교해볼 수 있어서 유용합니다.

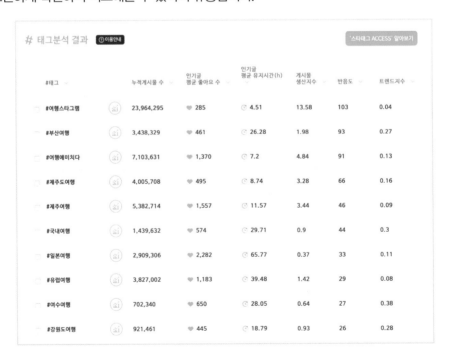

#태그		누적게시물 수	인기글 평균 좋아요 수	인기글 평균 유지시간(h)	게시물 생산지수	반응도	트렌드지수
#여행스타그램		23,964,295	285	4.51	13.58	103	0.04
#부산여행		3,438,329	461	26.28	1.98	93	0.27
#여행에미치다		7,103,631	1,370	7.2	4.84	91	0.13
#제주도여행		4,005,708	495	8.74	3.28	66	0.16
#제주여행		5,382,714	1,557	11.57	3.44	46	0.09
#국내여행		1,439,632	574	29.71	0.9	44	0.3
#일본여행		2,909,306	2,282	65.77	0.37	33	0.11
#유럽여행		3,827,002	1,183	39.48	1.42	29	0.08
#여수여행		702,340	650	28.05	0.64	27	0.38
#강원도여행		921,461	445	18.79	0.93	26	0.28

#태그		❶ 누적게시물 수	❷ 인기글 평균 좋아요 수	❸ 인기글 평균 유지시간(h)	❹ 게시물 생산지수	❺ 반응도	❻ 트렌드지수
#여행스타그램		23,964,295	285	4.51	13.58	103	0.04
#부산여행		3,438,329	461	26.28	1.98	93	0.27
#여행에미치다		7,103,631	1,370	7.2	4.84	91	0.13
#제주도여행		4,005,708	495	8.74	3.28	66	0.16
#제주여행		5,382,714	1,557	11.57	3.44	46	0.09
#국내여행		1,439,632	574	29.71	0.9	44	0.3
#일본여행		2,909,306	2,282	65.77	0.37	33	0.11
#유럽여행		3,827,002	1,183	39.48	1.42	29	0.08
#여수여행		702,340	650	28.05	0.64	27	0.38
#강원도여행		921,461	445	18.79	0.93	26	0.28
#우정여행		1,005,179	566	112.57	0.9	26	0.25
#겨울여행		524,104	332	16.97	1.16	25	0.47
#대만여행		844,958	3,560	71.89	0.7	24	0.28
#가족여행		5,172,997	309	14.17	2.1	23	0.04

❶ 누적 게시물 수 : 현재까지 해당 해시태그를 포함한 게시물의 개수입니다.

❷ 인기글 평균 좋아요 수 : 해당 태그에서 인기 게시물에 오르기 위해 필요한 게시글의 평균적인 좋아요 수입니다.

❸ 인기글 평균 체류시간 : 인기 게시물에 올라가고 난 뒤 유지되는 평균 시간입니다

❹ 게시물 생산지수 : 해당 태그가 포함된 게시물이 1분 동안 얼마나 빨리 올라오는지를 나타내는 지표입니다.

❺ 반응도 : 해당 태그에 대해 사람들이 얼마나 반응하는지 나타내는 수치입니다.

❻ 트렌드지수 : 반응도에 비례하는 수치로 오래되거나 반응이 저조한 해시태그는 트렌드 지수가 낮으며, 새로 등장하였거나 반응이 높은 해시태그는 트렌드 지수가 높습니다. 기준은 1.00 입니다.

해시태그 풀(Pool) 만들기

해시태그 풀(Pool)이란 해시태그를 모아놓은 메모입니다. 인스타그램은 모바일에서 업로드를 진행해야 하고 빠르게 촬영해서 빠르게 올리는 방식이 많은데요. 이럴 때마다 효과적인 해시태그들을 찾다보면 시간이 많이 걸리며 효과적이지 않기 때문에 인스타그램을 자주 사용하는 크리에이터들은 해시태그 풀을 많이 사용합니다.

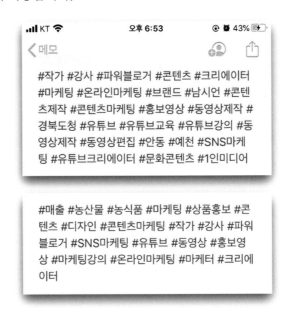

해시태그 풀을 사용하는 방법은 간단합니다. 평소에 적당한 해시태그들을 메모장에 기록해두면 됩니다. 상황에 따라, 사진 스타일에 따라, 비즈니스 목적에 따라 여러 개의 해시태그 묶음을 만들어둔 다음, 필요할 때 해시태그들을 그대로 복사해서 붙여넣기 하는 방식으로 활용하면 좋습니다. 메모장은 스마트폰에 기본적으로 포함되어 있는 [메모] 앱을 활용해도 되며 평소에 자주 사용하는 앱이 있다면 그것을 활용해도 좋습니다.

해시태그 삽입 전략

인스타그램에서 해시태그는 본문 내용에 삽입할 수도 있고 댓글에 넣을 수도 있습니다. 해시태그 자체가 SNS에서 검색을 위해 제공되는 기능인만큼 어디에 위치하든 검색만 되면 제 기능을 한다고 할 수 있죠. 요즘 인스타그램에서는 해시태그를 댓글 또는 대댓글에 삽입하는 것이 트렌드입니다. 이렇게 하면 본문 내용을 간단하게 만들 수 있어서 [더보기] 버튼을 만들지 않아도 되므로 스마트폰 한 화면에서 사진과 글 모두를 보여줄 수 있다는 장점이 있습니다.

본문 내용에 여러 개의 해시태그를 넣게 되면 본문 내용 자체가 길어지기 때문에 [더보기] 버튼이 생성됩니다. [더보기] 버튼을 클릭해야만 본문 내용을 볼 수 있기 때문에 디자인적으로 예쁘지 않으며 클릭을 한 번 더 해야 하는 번거로움이 있습니다.

댓글에 해시태그를 삽입하면 본문 내용을 [더보기] 버튼 없이 그대로 보여줄 수 있어서 본문 내용에 해시태그를 삽입하는 방식보다는 효과적입니다. 하지만 추가적인 댓글이 달리지 않으면 댓글 내용이 그대로 노출되어 시각적으로 예쁘게 보이지는 않습니다.

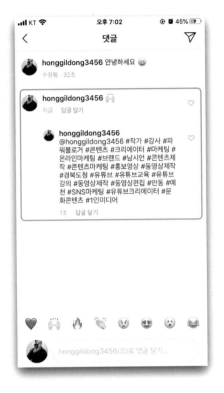

자신의 게시물에 자신이 댓글을 달고 그 댓글에 [답글달기]를 눌러 해시태그를 넣어주면 해시태그를 살짝 가려주어 화면에서 예쁘게 보이면서도 해시태그 고유의 검색 기능을 활용할 수 있습니다.

3. 인스타그램 레이아웃을 결정하는 방법

내 게시물에 관심 있는 사람 혹은 나의 예비 고객 등이 인스타그램을 탐험하다가 나의 인스타그램 프로필로 접속하게 되면 아래쪽에 게시물들이 모여 있는 구간을 보게 되는데요. 인스타그램은 게시물들이 정렬되면서 가로로 3개의 게시물이 나타나도록 디자인되어 있습니다.

이걸 잘 활용하면 특정 주제로 인스타그램을 운영할 때 보다 정리되어 있고 예쁜 모양으로 보여줄 수 있습니다. 레이아웃을 예쁘게 만드는 기본적인 방법 중 한 가지는 게시물을 주제별로 3장씩 구분해서 올리는 것입니다.

 여기서 잠깐!

모든 사용자가 반드시 인스타그램 레이아웃에 따라 3개씩 주제를 분류해야 하는 건 아닙니다. 지금 소개하는 레이아웃은 가능할 경우에 활용하면 조금 더 좋은 방식이며, 꼭 이렇게까지 하지 않아도 관계는 없습니다.

주제1

주제2

주제3

주제4

주제별로 3개의 게시물씩 나누어 업로드하면 인스타그램 게시물들이 나열되어 보여질 때 아주 예쁘게 보이며, 깔끔하면서도 정리된 느낌을 줄 수 있습니다. 특히 사진 작가들이 즐겨 사용하는 방식이지만 3장씩 사진의 주제를 나눌 수 있는 콘텐츠라면 어떤 주제에도 사용할 수 있습니다.

4. 팔로워를 늘리는 인스타그램 스토리 활용 전략 6가지

인스타그램 스토리는 더 이상 선택의 영역이 아닙니다. 비즈니스에선 필수의 영역으로 자리매김했죠. 실제로 인스타그램 스토리는 높은 반응율을 보입니다(인스타그램 공식 데이터). 인스타그램 스토리 기능은 짧지만 강력합니다. 비용을 투입해야 하는 스폰서 게시물이라면 추가적으로 더 많은 기능을 삽입할 수 있습니다. 고객에게 링크를 제공하거나 당장 가입을 권유할 수 있는 기능이 있습니다. 반면 인스타그램 스폰서 게시물이 아닌 경우에도 소상공인이나 중소기업, 자영업자, 크리에이터, 1인 미디어들도 충분히 활용할 수 있는 인스타그램 스토리 활용 전략 6가지를 소개합니다.

스토리 하이라이트 기능 활용

인스타그램을 활용해 고객에게 정보를 제공하려할 때 가장 좋은 공간은 어디일까요? 지금까지는 프로필에 방문하여 읽어보는 [프로필 정보]란 이었습니다. 이 공간은 한정적이고 글자 수 제약이 있는데다가 너무 복잡하면 오히려 열독률이 떨어져서 곤란하죠. 인스타그램 계정에 처음 방문하는 사람은 여러분이 누구인지 잘 모를 확률이 높습니다. 그래서 인스타그램 프로필 첫 화면에서 고객의 눈과 귀를 사로잡는 것은 매우 중요합니다. 프로필 정보란은 공간이 한정적입니다. 여기에 스토리 하이라이트 기능을 추가로 이용하면 부족한 공간에서도 효과적으로 비즈니스와 브랜드를 알릴 수 있습니다.

인스타그램 스토리 하이라이트 기능은 가능하다면 간략하고 단순하게 만드는 게 좋습니다. 고객들은 프로필에서 그다지 오랜 시간을 보내지 않으니까요.

다른 사용자의 스토리에 태그 당하기

다른 사람들과의 협업도 중요합니다. 일반 고객이나 인플루언서들이 스토리를 만들면서 여러분의 계정을 태그해 준다면 더 많은 팔로워를 얻고 더 많은 고객에게 프로필을 노출할 수 있을 것입니다.

보통은 해당 분야에서 인기있는 인스타그래머에게 비용을 지불하는 방식으로 스토리 태그를 요청할 수 있습니다. 엄청나게 유명한 사람에게 한 번 태그 당하는 것보다는 평범한 일반 유저에게 다섯 번 태그 당하는 것이 더 효과적일 수 있습니다. 이것은 미묘한 차이입니다.

일반적인 인스타그램 스폰서 광고보다 때로는 이 방식이 효과적일 수 있습니다. 고객이 직접 태그해준다는 점에서 그 친구와 비슷한 관심사를 공유하는 더 많은 친구들에게 브랜드를 노출할 수 있습니다.

아이디어를 위한 설문조사

설문조사 기능은 매우 간단하며 누구나 쉽게 만들 수 있도록 디자인돼 있습니다(Step 7 인터랙티브 이모티콘 슬라이더 편 참고(151쪽)). 팔로워들과 새로운 고객들의 취향과 관점을 알아보는데 유용하다는 측면, 그리고 스토리 게시물을 보는 사람으로 하여금 동적으로 참여를 독려할 수 있어서 유용한 기능입니다.

설문조사 기능은 특히 인스타그램에 대한 아이디어가 없을 때 유용하게 쓸 수 있습니다. 팔로워들은 우리가 가지고 있는 수많은 데이터와 정보들 중 어떤 것을 좋아할까요? 어떤 스타일의 게시물을 선호할까요? 사진? 동영상? GIF? 단순 텍스트? 인스타 라이브? 아니면 디자인된 멋진 포스터? 설문조사로 일부 데이터를 얻을 수 있습니다.

인스타그램 마케터는 거의 매번 높은 수준의 창의력을 강요받습니다. 인스타그램 스토리는 길면 15초, 짧게는 5초 안에 정보를 제공하고 팔로워를 모아야하는 까닭에 이 찰나 같은 시간에 모든 걸 해내야합니다. 이럴 때 창의력의 원천이 될만한 설문조사를 이용한다면 도움이 될 겁니다. 고객 또는 팔로워들이 원하는 것은 여러분의 생각과 다를지도 모르기 때문입니다.

글꼴과 스티커 활용

인스타그램 스토리에서 다양한 글꼴과 스티커를 활용할 수 있습니다. 때로는 스티커 한 장, 이모티콘 하나, 글꼴 하나가 더 많은 정보를 제공하기도 합니다. 브랜드만의 독특한 폰트나 스티커를 이용하는 것도 좋은 방법이며, 이때에는 서드파티 앱을 이용해야 합니다. GIF 스타일을 이용하는 것도 권장합니다.

스토리에 글을 넣을 경우 과하지 않게 이용합니다. 인스타그램 스토리에 사진을 업로드할 경우 5초동안 재생되는 까닭에 5초안에 읽을 수 있을만한 글꼴과 스티커를 조합해서 하나의 패키지로 만들어야 합니다. 너무 많은 정보를 제공하려는 욕심은 결국 아무런 정보도 제공하지 못하는 결과를 초래할 수도 있기 때문입니다.

더불어 인스타그램 스토리는 전체화면을 이용할 수 있다는 점과 사운드를 자동 재생할 수 있다는 특징을 이용해 보통의 사진보다는 움직이는 영상을 만드는 게 좋습니다. 이때에도 독특한 글꼴과 스티커를 이용하면 도움이 됩니다.

스토리에 다른 사람 태그하기

브랜드 계정 또는 크리에이터로 활동하는 사람의 계정에서 다른 사람을 태그해주는 게 효율적일지에 대해서는 찬반논란이 있을 수 있습니다.

소셜미디어에서 관계를 구축하는 방법에는 여러가지가 있는데, 그 중에서도 스토리 기능을 이용해 다른 브랜드 또는 개인을 태그해주는 것은 색다른 관계를 구축할 수 있는 방법입니다. 태그 당한 개인은 여러분 브랜드의 추종자가 될 가능성이 높아질 수 있습니다. 더불어 고객들도 여러분의 인스타그램 계정이 소셜미디어에 적합하다는 인상을 받게 되고, 추후에 상대방도 여러분을 태그해줄 가능성이 있습니다. 운이 좋다면 앞에서 언급한 스토리에 태그 당하기 전략을 비용 없이 운영하는게 가능할지도 모릅니다.

짧은 동영상 스토리

기본적으로 인스타그램 스토리에 올릴 수 있는 최대 동영상 길이는 하나당 15초 입니다. 짧은 동영상을 여러 차례 올리면서 하나의 스토리텔링을 만들어낼 수 있습니다.

더불어 인스타그램 스토리는 대체로 동영상이 강세인데요. 사진보다 더 오래 노출되고(사진은 5 초 재생, 동영상은 15초 재생) 더 시선을 사로잡을 수 있는 까닭입니다. 더 많은 팔로워를 원한다면 자기 자신 혹은 브랜드를 잘 나타내는 동영상으로 제작된 인스타그램 스토리 게시물은 필수적이라고 할 수 있습니다.

> **여기서 잠깐!**
>
> 인스타그램 스토리는 크리에이터들에게 색다른 경험을 제공합니다. 다른 SNS 광고와는 다르게 모바일의 전체 화면을 이용할 수 있는 거의 유일한 공간이기 때문이죠. 더군다나 스토리 게시물이 재생되는 즉시 사운드가 함께 재생되므로 시청각적으로 몰입시킬 수 있으며, 소리를 재생함으로써 게시물에 텍스트를 넣어 정보를 제공해야 하는 압박에서 벗어날 수 있습니다. 정보를 사운드로 제공할 수 있으니까요.

5. 인스타그램을 유기적으로 성장시키는 9가지 최적화 방법

웹사이트를 운영하거나 블로그를 운영하는 분들에게는 익숙한 SEO라는 단어가 있습니다. SEO는 Search Engine Optimization의 약자로 검색엔진 최적화를 뜻합니다. 이건 구글에서 나온 개념으로 구글에서 검색을 했을 때 최적화된 페이지를 상위에 노출할 수 있는 바람직한 방법입니다. 반면에 국내 검색엔진에서는 훌륭한 콘텐츠를 만드는 게 상위에 노출할 수 있는 가장 바람직합니다. SEO는 매우 중요합니다(워드프레스에는 SEO 플러그인까지 나와있죠). 블로그나 웹사이트가 아니라 인스타그램이라면 어떨까요?

SEO라는 표현은 어울리지 않을 수 있지만 인스타그램을 최적화하여 성장시킬 수 있는(SEO와 흡사한) 방법이 있습니다. 재미있는 점은 구글에서 인스타그램의 게시물을 검색이 가능하고 비중이 상대적으로 높진 않지만 외부 유입도 무시할만한 수준은 아니라는 것입니다.

인스타그램 최적화 방법은 어렵다고 생각할 수 있지만 의외로 단순합니다. 우리는 인스타그램을 최적화할 수 있고 유기적으로 성장시킬 수 있으며 그 방법들은 매우 간단해서 조금만 신경을 쓰면 됩니다. 직접 이용해볼 수 있는 인스타그램 성장을 위한 9가지 방법이 있습니다.

사용자 이름 최적화

인스타그램에서 사용자 이름은 매우 중요합니다. 인스타그램 내에서 검색했을 때 검색되는 문구이기 때문입니다. 이 이름은 우리가 검색하는 '키워드'와 같은 역할을 합니다.

여러분이 만약 인스타그램에서 '안동'에 대한 정보를 찾고 있다고 해봅시다. 그러면 검색창에 '안동' 또는 영어로 'andong'이라고 검색할 것입니다. 기본 정렬은 '인기'순 정렬이며 이때 다양한 조건을 토대로 검색결과가 반영되지만 이름에 해당 키워드가 있을 경우 유리한 고지를 선점할 수 있습니다. 예를 들어 '안동맛집지도'에는 '안동'이라는 이름과 'andong'이라는 이름 모두가 들어가 있습니다.

사용자 이름에 강조하고 싶은 분야나 비즈니스 카테고리, 위치 등을 추가하세요. 사람들이 나를 찾을 때 어떤 검색어(키워드)로 검색할지를 생각해보세요. 필요할 경우 지금까지 써왔던 이름을 변경해야 할 수도 있습니다.

이름 최적화사용자 이름 못지않게 중요한 부분은 '이름'입니다. 보통은 브랜드 이름 또는 본인의 이름이 들어가는 곳입니다. 그러나 마찬가지로 해당 이름은 키워드의 역할을 하며 매우 중요한 자리를 차지하고 있습니다.

인스타그램에서는 계정명을 영문으로 이용해야 하는 까닭에 사용자 이름은 영어로, 이름은 한글로 표기하는 경우가 많은데 이렇게 하면 한글로 검색했을 때와 영문으로 검색했을 때 모두 노출할 가능성을 가질 수 있습니다.

콘텐츠 품질

사진 또는 동영상 없이는 글조차 쓸 수 없는 인스타그램은 특히 시각적인 소셜 미디어입니다. 여러분의 인스타그램 계정의 느낌은 곧 사진에서 비롯됩니다.

가능하다면 사진의 품질이 높아야 합니다. 선명하고 뚜렷해야 하며 모바일 스마트폰에서 잘 보여야하고 한 장만으로도 의미를 전달할 수 있으면서도 시선을 사로잡아야 합니다. 이것은 어렵지만 꼭 필요한 과정입니다. 콘텐츠를 항상 최상의 상태로 유지하세요. 깨지거나 흐린 사진은 좋지 않습니다. 화질이 떨어지는 사진은 구독자에게 아무런 감흥을 주지 않으니까요.

ALT 텍스트 삽입

ALT 태그는 SEO에서 매우 중요한 개념으로 사진의 대체 텍스트를 뜻합니다. ALT 태그는 이미지를 설명하는 텍스트로서 사진 자체만으로는 (아직은) 검색이 되지 않으므로 이미지를 알아보게 하는 텍스트라고 할 수 있습니다.

인스타그램에는 ALT 텍스트를 삽입할 수 있는 기능이 있습니다. 이 부분은 많은 인스타그램 사용자들이 놓치는 부분으로 그만큼 가능성이 높은 인스타그램 활용 방법입니다. ALT 태그를 넣으면 시각장애인에게도 사진의 내용을 알릴 수 있을 뿐만 아니라 외부 검색엔진에서 검색했을 때 여러분 인스타그램의 콘텐츠를 노출할 가능성을 높일 수 있습니다. 따라서 가능하다면 ALT 텍스트는 넣는 것이 좋습니다.

인스타그램에서 ALT 태그를 넣는 방법

ALT 태그를 넣기 위해서는 사진 수정 모드로 들어가야 합니다. 원하는 게시물 우측 상단에 메뉴 버튼을 누른 다음 [수정]으로 들어갑니다.

[대체 텍스트 수정]을 클릭한 다음 원하는 내용을 적은 후 우측 상단에 있는 [완료]를 누릅니다.

해시태그

해시태그는 인스타그램에서 가장 중요한 포인트입니다. 여러분 콘텐츠를 검색했을 때 나타나는 대부분의 정보들은 모두 해시태그에 기반하고 있습니다(Step 8의 해시태그 활용 전략 참고(176쪽)).

인스타그램에서는 게시물당 해시태그를 30개까지 사용할 수 있습니다. 꼭 적절한 해시태그를 사용하세요. 해시태그를 남발하지 마세요. 콘텐츠와 잘 어울리는 해시태그를 사용하고 잠재고객이나 예비 구독자들이 검색할만한 해시태그를 찾으세요. 더불어 위치에 기반하는 콘텐츠라면 위치에 대한 해시태그를 넣는것도 좋은 방법입니다(예: #안동 #맛집).

소통하세요

인스타그램에서 소통은 매우 중요합니다. 상식적으로 생각해보면 됩니다. 친한 친구와는 거리낌 없이 댓글을 달고 소통을 할 것입니다. 마찬가지로 사용자간의 상호작용은 인스타그램에서 게시물을 얼마나 더 상위에 노출해줄지 결정하는 요소입니다. 여러분들이 만약 저와 자주 소통한다면 인스타그램에서 제 게시물이 더 자주, 더 많이 노출될 것입니다. 인스타그램을 활성화하려면 소통을 자주해야 합니다. 좋아요와 댓글을 남기고 의견을 교환해 보세요.

인기있는 콘텐츠를 분석하세요

(비즈니스 계정만 이용할 수 있는 인사이트를 분석합니다) 조회수가 높은 콘텐츠, 인기있는 콘텐츠는 구독자와 예비 구독자들이 선호하는 콘텐츠입니다. 우수한 콘텐츠를 확인하고 해당 게시물이 어떤 점에서 인기가 있었는지 분석하세요.

사람들이 좋아하는 콘텐츠 형식을 사용하지 않을 아무런 이유가 없습니다. 인사이트에서 [콘텐츠] 탭으로 이동하여 이번 주에 어떤 게시물들이 인기가 있었는지 찾아보세요. 조회수 순으로 나열해줍니다. 단, 조회수가 높다고 해서 반드시 좋은 게시물은 아닐 수 있습니다. 때로는 조회수보다 참여도가 더 중요한 콘텐츠도 있으며, 조회수와 참여도외에 정보 전달 자체 또는 기타 다른 목적의 콘텐츠도 있을 수 있습니다. 참고 용도로 활용하세요.

비즈니스 계정 인사이트 분석 방법

인스타그램 화면에서 우측 상단에 있는 메뉴를 클릭한 다음 인사이트를 눌러 들어갑니다. 이곳에서 인스타그램 게시물에 대한 대부분의 통계 수치를 확인할 수 있습니다.

[콘텐츠] 탭에서는 게시물에 대한 수치들을 확인할 수 있습니다.

[활동] 탭에서는 계정 자체에 대한 전체적인 수치를 볼 수 있는데요. 도달률과 노출을 확인하고 프로필 방문 횟수 등을 체크해볼 수 있습니다.

독자 Q&A Q 도달과 노출의 차이점은 무엇인가요?

A. 노출은 게시물이 표시된 횟수이고, 도달은 게시물을 본 사람의 수입니다.

즉, 1명의 사람이 A라는 게시물을 2번 봤다면, 도달은 1이며 노출은 2가 됩니다. 따라서 인사이트에서는 항상 도달보다 노출이 높게 나옵니다.

마지막으로 [타겟] 탭에서는 팔로워들의 증감도와 팔로워들의 활동 지역, 성별 분포와 활동을 많이 하는 요일과 시간대, 연령대 등을 체크할 수 있습니다.

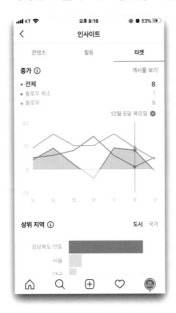  

다른 사람 태그하기

사진에 태그를 달아 다른 계정을 노출해주는 방식을 이용할 수 있습니다.

그러나 인스타그램의 국내 환경에서는 사진에 계정을 태그하는 활용도가 다소 떨어집니다. 해외에서는 매우 활발한 방법이지만, 제가 경험한바에 따르면 국내 사용자들은 인스타그램에서 사진에 사용자를 태그하는 것을 꺼려하는 듯 합니다. 따라서 다른 사람을 태그해야 할 일이 있다면 특별한 경우가 아니라면 사진에 태그보다는 본문 내용에 태그하는 게 좀 더 효과적이라고 생각합니다.

인스타그램 사진에서 다른 사람을 태그하는 방법

인스타그램 게시물 우측 상단의 메뉴에서 수정으로 들어갑니다.

사람 태그하기를 클릭한 후 사진의 아무 곳이나 선택하면 사용자를 태그할 수 있는 창이 나타납니다. 여기에서 사용자의 인스타그램 계정 ID를 입력해주면 태그할 수 있습니다(팔로우 관계가 아니어도 태그를 할 수 있습니다).

인스타그램을 즐기세요.

많은 마케터들이 인스타그램 실적에 압박을 받고 있습니다. 스트레스가 심한 환경이라면 인스타그램 실적 압박을 견디기가 어렵고, 쉽게 번아웃 됩니다. 가급적이면 인스타그램을 시스템처럼 운영하세요. 루틴을 만드세요. 예를 들어 '매일 아침 10시에 사진 1장을 올린다'라는 시스템을 만들고 그걸 계속 이어가면 됩니다.

제가 SNS와 콘텐츠 제작 및 마케팅과 관련된 강의를 할 때 종종 강조하는 내용은 콘텐츠 제작자가 SNS에 맞추는게 아니라 SNS가 제작자에게 맞춰야한다는 것입니다. 인스타그램을 주력하고 사용하는 마케팅 사용자라고하더라도 때로는 인스타그램과 멀리 떨어져 지낼 필요도 있습니다.

스트레스를 받고 실적 압박을 받을수록 인스타그램과는 멀어질 것입니다. 인스타그램은 재미있고 즐거워야하며 그럴 때 비로소 좋은 콘텐츠와 크리에이티브한 콘텐츠를 만들 수 있습니다. 창의력은 즐거울 때 자주 나옵니다. 재미가 있어야합니다. 훌륭한 실적도 재미가 될 수 있지만요.

급하게 생각하지 마세요. SNS 마케팅은 시간을 먹고 자랍니다. 망설이지 말고 인스타그램을 즐기세요!

6. 인스타그램은 하루에 몇 개를 써야 적당할까?

제가 SNS 관련 강연과 컨설팅, 그리고 콘텐츠 제작 관련 업무에서 자주 받는 질문 중 하나는 이런겁니다.

"인스타그램에는 하루에 몇 개의 게시물을 올려야 되나요?"
"매일 올려야 하나요?"
"몇 개의 게시물이 적당한가요?" 등.

하지만 정답은 '정해진 것이 없다'는 것뿐입니다. 이 책에서는 정답처럼 들리는 달콤한 말 보다는 정확한 이야기를 전달하고자 합니다. 따라서 어쩌면 이 결과는 여러분이 원하는 결과가 아닐 수도 있습니다. 예를 들어 "하루에 1개씩만 올리세요!"라면 그것대로만 하면 되겠지만 "정해진게 없어요!"라면 헷갈리기 마련입니다.

그렇다면 인스타그램에는 하루에 몇 개를 올려야 할까요? 정답을 찾기 전에 먼저 자신이(또는 회사가) 만들 수 있는 콘텐츠의 개수를 먼저 파악해야 합니다. 즉, 자신만의 또는 회사만의 스케줄에 따라 게시물을 만들어 올려야하는, 다시 말해서 맞춤형으로 맞는 옷을 입어야한다는 뜻입니다. 보통으로는 일상 스케줄에 맞는 콘텐츠 업로드 주기가 가장 매력적이며 구독자들에게도 도움이 됩니다. 일정에 쫓겨 억지로 만든 콘텐츠는 그만큼 부실해지고 사람들의 이목을 끌지 못합니다.

비즈니스 SNS 계정에서는 일관성이 무척 중요합니다. 일관성 있게 콘텐츠를 제공한다면 구독자들은 모여들고 그들은 원하는 게시물을 원하는 방식으로 소비할 것입니다. 그리고 습관처럼 우리의 게시물을 보게 되겠죠. 가령, 매일 오전 10시에만 게시물을 올린다면 구독자들은 10시가 지난 직후 매일 우리의 인스타그램에 방문할 것입니다.

인스타그램에는 하루에 몇 개를 올리는가?

SNS 마케팅뿐만 아니라 모든 온오프라인 마케팅에서 중요한 것은 콘텐츠의 품질입니다. 이것은 매우 중요한 개념으로 대부분의 마케터들이 제대로 활용하지 못하는 분야이기도 합니다. 공공기관에서는 숫자의 양으로 보고서를 써야하는 특성상 품질보다 양으로 승부하려는 경향이 강합니다. 반면 기업 등 민간에서는 콘텐츠의 품질과 양을 적절하게 조합해야 합니다.

게시물 숫자가 많다고 해서 반드시 인기를 끄는 건 아닙니다. 사람들과의 소통과 콘텐츠. 이게 포인트입니다. 훌륭한 게시물이라면 하나만으로도 많은 사람들에게 노출될 가능성이 있으며 반대로 좋지 못한 게시물이라면 아무리 많아도 그것에 흥미를 가지는 사람은 없을겁니다.

인스타그램의 트렌드는 아래와 같습니다.

· 보통 하루에 1번 정도 게시물이 업로드 된다.
· 품질 향상을 위해서라면 2~3일 또는 3~4일에 한 번 업로드 할 수도 있다.
· 하루에 여러 개(5개 이상 정도)를 올리는 경우는 거의 없다.

콘텐츠 일관성

매체를 관리하는 마케터나 사장님이라면 콘텐츠 일관성을 유지하세요. 말투가 갑자기 바뀐다던지 사진의 퀄리티가 급격하게 낮아지는 건 곤란합니다. 게시물은 사람이 만들지만 실제 노출은 시스템이 하도록 만드세요. 키포인트는 루틴을 결정하는 일입니다.

원하는 경우 매일 올려도 좋고, 하루에 한 번이 부담스럽다면 2~3일에 한 번도 문제 없습니다. 중요한 것은 자신에게 맞는 시스템을 구축하는 일입니다. SNS 게시물을 만드는 게 즐겁고 재미있다면 하루에 여러 개를, 어렵고 까다롭다면 시기를 좀 더 늦출 필요가 있습니다. 일관성을 유지하기 위해서 반드시 시스템화하세요. 매일 오전에 올리거나 매일 밤에 게시할 수도 있습니다. 제가 소속된 곳에서 운영 중인 안동맛집지도 인스타그램(@andongmap)의 경우, 거의 매일 오전 10시에 게시물이 올라갑니다.

가장 기억해야 할 포인트는 인스타그램 게시물을 만들어 올릴 때 부담이 되면 안 된다는 것입니다. 마케터들이 번아웃(Burnout; 의욕적으로 일에 몰두하던 사람이 극도의 피로감을 호소하며 무기력해지는 현상). 현상을 겪는 건 흔한 일입니다. 크리에이터 또는 관리자가 지치면 인스타그램 게시물은 더 이상 업로드되지 않을 것이고, 그렇게 되면 누구에게도 이득이 되지 않습니다.

콘텐츠 업로드 계획하기

· 하루에 1번 업로드
· 하루에 2번 업로드
· 2일에 1번 업로드
· 3일에 1번 업로드
· 4일에 1번 업로드
· 5일에 1번 업로드
· 일주일에 1번 업로드(주말 포함) 등

시스템을 만들면 그 시스템에 맞춰 게시물을 미리 준비할 수 있습니다. 즉, 내일 올려야할 게시물을 오늘 만드는 것입니다. 콘텐츠를 미리 준비하는 것은 일관성을 유지하는데 도움이 될 뿐만 아니라 계획성 있는 업로드를 할 수 있어서 예측 가능한 콘텐츠 제작이 가능해집니다. 시간과 에너지를 줄일 수 있는 건 물론이죠.

인스타그램의 현재 공식 앱에서는 예약 기능이 없으므로 게시물과 텍스트, 해시태그 등을 미리 준비한 다음 원하는 시간대에 업로드하는 방식을 이용하면 됩니다.

09 : 함께 활용하면 좋은 추천 애플리케이션

1. 인스타그램 레이아웃(Layout from Instagram)

인스타그램 레이아웃은 인스타그램 공식 앱으로 인스타그램 사용을 도와주는 보조 프로그램이라고 생각하면 쉽습니다. 인스타그램뿐만 아니라 다른 SNS 등 여러곳에서 사용할 수 있는 유용한 앱입니다.

이렇게 서로 다른 여러 장의 사진을

이렇게 한 장으로 만들 수 있어요!

레이아웃 앱에서는 사진 여러 장을 한 장으로 제작하는 형태(콜라주)로 만들 수 있습니다. 인스타그램은 라이트한 SNS 특성상 사진을 많이 넣을 수 없으므로(10장 제한) 여러 장을 한 장으로 만들면 더 많은 사진으로 스토리를 전달할 수 있습니다. 간단하면서도 재미있어서 사진을 아주 직관적이고 보는 사람에게도 간편해서 인스타그램 레이아웃 앱은 인스타그램 사용자들에게 필수라고 할 수 있습니다.

인스타그램 레이아웃 앱 설치하기

인스타그램 레이아웃 기능은 인스타그램 자체에 포함되어 있지 않고 별도의 앱으로 나와 있어서 앱을 설치해야 합니다.

먼저 앱스토어 또는 Play스토어를 실행한 후 상단의 검색창에 '인스타그램 레이아웃' 또는 'Layout from Instagram'이라고 검색합니다(한글 또는 영어로 검색하세요). 그런 다음 아래쪽 목록에서 'Layout from Instagram'을 클릭합니다.

[설치] 버튼이 나오면 설치를 누르세요.

설치가 완료되면 앱스에서 레이아웃 앱을 확인할 수 있습니다.

인스타그램 레이아웃 앱으로 콜라주 만들기

콜라주(Collage)는 여러 장의 사진을 하나의 사진으로 만드는 것을 뜻합니다. 인스타그램 레이아웃 앱에서 간편하게 만들 수 있습니다.

인스타그램 레이아웃을 실행하면 갤러리에 있는 사진을 선택할 수 있는 창이 나타납니다.

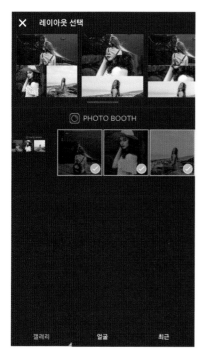

별도의 버튼 없이 손가락을 이용해 콜라주로 만들고 싶은 사진을 선택합니다.

원하는 사진을 선택했다면 상단에서 레이아웃 모양을 결정합니다. 원하는 모양과 흡사한 레이아웃을 클릭합니다.

독자 Q&A　　Q **레이아웃을 잘못 골랐어요.**

A. 언제든지 [뒤로가기] 버튼을 이용해 다시 첫 화면으로 돌아갈 수 있습니다. 레이아웃을 다시 고르고 싶다면 [뒤로가기] 버튼을 이용하세요.

인스타그램 레이아웃 앱의 기능은 전체적으로 간단한 편입니다. 직접 눌러보면서 변화를 눈으로 확인해보세요.

❶ 바꾸기 : 사진을 다른 사진으로 바꿉니다.

❷ 좌우 반전 : 사진을 좌우로 뒤집습니다.

❸ 상하 반전 : 사진을 아래위로 뒤집습니다.

테두리 없는 형태   테두리 있는 형태

테두리를 선택하면 사진 사이에 테두리를 넣어 좀 더 예쁘게 만들어줍니다. 테두리가 있는 게 좋을지 없는 게 좋을지는 사진의 분위기에 따라 달라지므로 직접 넣어보면서 체크해보세요.

각 사진 사이에는 파란색 바(Bar)가 있습니다. 이 바를 손가락으로 움직이면 특정 구역의 사진 넓이(또는 높이)를 조절할 수 있습니다.

콜라주가 완성되었다면 우측 상단에 있는 [저장] 버튼을 누르세요. [저장] 버튼을 누름과 동시에 앨범(갤러리)에 저장됩니다. 이후 나오는 화면에서 아래에 있는 [인스타그램] 또는 [페이스북] 버튼으로 SNS에 바로 공유할 수도 있으며 갤러리에서 확인하고 싶다면 [완료]를 누릅니다.

2. 인스타그램 부메랑(Boomerang from Instagram)

인스타그램 부메랑은 이름만으로도 어떤 역할을 하는지 눈치챌 수 있는 앱입니다. 날린 방향으로 날아갔다가 다시 되돌아오는 부메랑처럼 움직였다가 다시 원상 복귀하는 스타일로 움직이는 사진을 만들어낼 수 있는 재미있는 앱입니다.

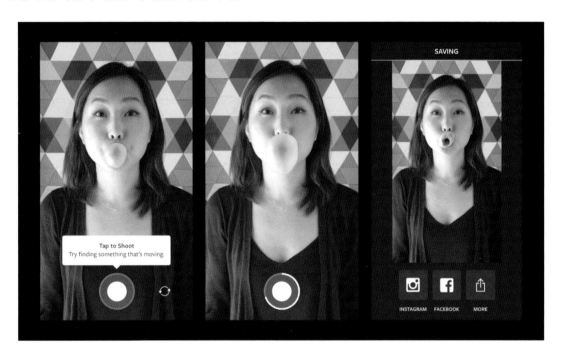

인스타그램 스토리에 특히 이러한 부메랑 효과를 자주 볼 수 있는데요. 짧으면서도 재미있고 귀여워서 특히 여성 사용자분들이 선호하는 앱입니다.

부메랑 앱은 여러 장의 사진을 연속으로 촬영한 다음 3초짜리 동영상을 자동으로 만들어줍니다. 촬영은 1초이며 이 1초짜리가 3번 반복되는 구조를 가지고 있습니다.

여기서 잠깐!

부메랑은 짧고 움직임이 빨라서 마치 GIF 이미지처럼 보일 수 있지만 실제로 GIF는 아니며 동영상 파일로 저장됩니다.

인스타그램 부메랑 앱 설치하기

먼저 앱스토어 또는 Play스토어를 실행한 후 상단의 검색창에 '인스타그램 부메랑' 또는 'Boomerang from Instagram' 이라고 검색합니다(한글 또는 영어로 검색하세요). 그런 다음 아래쪽 목록에서 'Boomerang from Instagram'을 찾은 후 [설치]를 눌러 설치합니다.

설치가 완료되면 앱스에서 레이아웃 앱을 확인할 수 있습니다.

부메랑 앱을 실행하면 너무 간단한 화면으로 인해 깜짝 놀랄지도 모릅니다. 클릭할 수 있는 버튼이 딱 3개 뿐이니까요.

❶ 부메랑 촬영을 시작하는 버튼입니다. 꾹 누르고 있지 않아도 계속 촬영됩니다.
❷ 카메라를 앞/뒤로 전환합니다.
❸ 플래시를 켜거나 끕니다.

촬영이 완료되면 자동으로 저장하기 버튼이 나옵니다. 갤러리에 저장하려면 [저장] 버튼을, 인스타그램 또는 페이스북에 바로 공유하려면 아래에 있는 해당 SNS 버튼을 클릭하세요!

3. 사진을 전문가처럼 보정할 수 있는 Polarr

Polarr(폴라) 앱은 사진을 쉽게 보정할 수 있으면서도 강력한 기능을 갖춘 사진 편집기입니다. 여러 가지 필터를 사용할 수 있으며 고급 보정 도구와 세부 편집, 정교한 합성 등을 할 수 있어 유용합니다. 제가 개인적으로 자주 활용하는 앱으로 스마트폰 버전뿐만 아니라 PC버전(윈도우 또는 맥)을 갖춘 프로그램이기도 합니다.

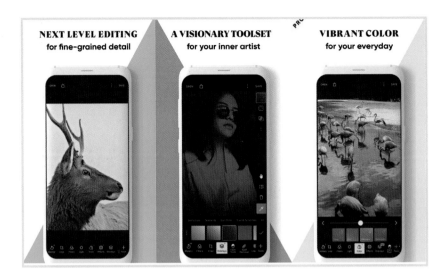

사진 작가들과 크리에이터들이 실무에서 활용하기에도 부족하지 않은 기능을 갖춘 전문 프로그램이지만 사용 방법은 아주 간단해서 초보자가 사용하기에도 정말 좋습니다. 포토샵이나 라이트룸이 어렵다면 Polarr(폴라)앱으로 전문가처럼 사진 보정을 해보세요.

여기서 잠깐!

> Polarr앱은 기본적으로 무료이지만 고급 기능은 PRO 버전으로 업그레이드(유료)해야만 사용할 수
> 있습니다. 무료 버전으로도 충분히 멋진 사진으로 보정할 수 있습니다. 처음부터 업그레이드를 진행
> 하기보다는 사진 보정에 익숙해지고 고급 사용자들을 위한 전문 기능이 필요할 때 PRO 버전으로 업
> 그레이드를 고려해보세요.

Polarr 설치하기

앱스토어 또는 Play스토어에서 검색창에 'polarr' 검색합니다. 그런 다음 Polarr 사진 편집기를 찾아 설치합니다.

앱을 처음 설치한 후 실행하면 간단한 따라하기식 튜토리얼이 나옵니다. 한글 번역투가 많이 나지만 영어보다는 한글로 설명되어 있어 이해하기에는 좀 더 좋습니다. 시간 여유가 있다면 튜토리얼을 한 번 따라해 보세요. 여기에서는 건너뛰기를 눌러 건너뛰고 진행하겠습니다.

튜토리얼을 건너뛰기 한 후 첫 화면에서 왼쪽 상단에 [열다]라고 된 버튼이 보이는데요. 이 [열다]가 갤러리에서 사진을 불러오는 기능입니다. 쉽게 '열기'라고 보시면 됩니다. [열다]를 눌러 보정하고 싶은 사진을 불러오면 이제 본격적으로 사진을 보정할 준비가 끝납니다.

> **여기서 잠깐!**
>
> Polarr앱은 전체적으로 영화 같은 아늑하고 잔잔한 분위기를 연출하는데 적합한 사진 보정 앱입니다. 기본적으로 영화 느낌처럼 만드는 필터들을 많이 갖추고 있으며 그 외 설정들도 비슷합니다. 시네마틱한 스타일은 요즘 콘텐츠 제작에서 사랑받는 트렌드이며 전문 사진작가들과 크리에이터, 그리고 동영상 제작자들 사이에서도 지향하는 인기있는 스타일입니다.

Polarr 첫 화면 살펴보기

사진 편집기답게 다양한 메뉴들을 갖추고 있습니다. 하나씩 살펴보겠습니다.

❶ 열다 : 보정하고 싶은 사진을 불러올 때 사용합니다.

❷ 스토어 버튼 : 유료 버전(PRO 버전)에서 사용할 수 있는 다양한 필터들을 볼 수 있는 곳입니다.

❸ 설정 : 각종 설정을 할 수 있습니다.

❹ 저장 : 보정이 완료된 사진을 저장할 때 사용합니다.

❺ 기록 : 보정 작업 중 이전 단계 혹은 원본으로 되돌리고 싶을 때 사용합니다.

❻ 필터 : 사진에 필터를 적용합니다.

❼ 밝은 : 사진의 밝기를 세밀하기 조정합니다.

❽ 색깔 : 사진의 색깔을 세부적으로 변경하고 싶을 때 사용합니다.

❾ 효과 : 사진에 각종 효과들을 넣을 때 사용합니다.

❿ 오버레이 : 유료 버전 전용 기능으로 다양한 합성 기능을 지원합니다(예를 들어 하늘 합성 등).

⓫ 얼굴 도구 : 얼굴을 집중적으로 보정할 때 사용합니다. 하지만 Polarr보다 강력하고 쉬운 얼굴 보정 앱들이 많은 까닭에 Polarr에서 얼굴 도구는 자주 사용되지 않습니다.

⓬ 도구들 : 기타 추가적인 도구들을 살펴볼 수 있습니다.

Polarr로 사진에 필터 적용하기

Polarr의 필터 기능은 아주 강력합니다. 별도로 필터를 다운로드하지 않더라도 자체적으로 가지고 있는 필터들이 많아서 선택의 폭이 넓은 게 특징이죠. 여러 가지 스타일의 필터들이 준비되어 있으며 필터만 잘 골라도 보정이 한층 쉬워집니다. 사진 보정 실력을 키우는 것도 중요하지만 필터를 고르는 안목도 중요한 시대입니다. 필터를 잘 고르면 사진 보정 시간을 대폭 줄일 수 있다는 사실! 잊지마세요.

사진에 필터를 넣으려면 아래쪽에 있는 [필터] 버튼을 클릭합니다. 그러면 필터 바로 위에 카테고리가 나오는데 이 카테고리에는 다양한 필터들이 다수 들어있습니다. 제일 먼저 카테고리를 정하고 그 다음 필터를 정하는 순서로 적용해주면 됩니다. 분위기있고 고급스러운 필터들이 많아서 하나씩 클릭해보면서 사진의 변화를 직접 눈으로 보고 필터를 골라보세요. 사진이 한층 업그레이드되는걸 보실 수 있습니다.

필터의 강도를 조정하고 싶다면 사진 아래쪽에 나오는 바(BAR)를 이용하세요. 오른쪽으로 갈수록 필터가 진해지며, 왼쪽으로 갈수록 필터가 연해집니다.

Polarr 계정 만들기

Polarr 계정을 만들면 자신만의 필터를 만들어 저장해두고 편하게 사용할 수 있으며, 인터넷에 공개되어 있는 전세계 사용자들이 만든 필터를 자신의 사진에 적용할 수도 있습니다. 자신만의 필터를 만들거나 다른 사람의 필터를 가져오려면 Polarr 계정이 있어야하며 누구나 무료로 가입할 수 있습니다.

Polarr 앱을 실행한 후 우측 상단에 있는 메뉴 버튼을 클릭한 다음 설정 및 계정으로 들어갑니다.

상단 계정 탭에서 'Polarr 계정 만들기'를 클릭한 다음 이메일과 암호를 입력하고 아래쪽에 파란색 버튼으로 된 [Polarr 계정 만들기]를 클릭하면 회원가입이 완료됩니다.

Polarr에서 나만의 필터 만들기

나만의 필터를 만들기 위해서는 먼저 사진을 보정해야 합니다. 자신만의 느낌을 내는 보정 작업을 끝마친 후에 해당 설정 값을 저장하는 방식으로 필터를 만듭니다. 사진 보정을 한 후 아래쪽에 [필터] 탭을 클릭한 다음 [모든]을 누릅니다. 그런 다음 필터 화면이 나타나면 우측 메뉴에서 [내 필터]를 클릭합니다.

[내 필터]를 누르면 아래쪽에 [필터 만들기] 버튼이 나타납니다. 클릭해줍니다. 그러면 필터 이름을 넣을 수 있는 창과 함께 필터를 저장할 수 있는 버튼을 볼 수 있습니다. 필터 이름은 어떻게 지어도 무방하며 자신이 알아보기 쉽도록 짓는 것이 좋습니다. 적당한 이름을 지어주고 아래쪽에 있는 [필터 저장]을 누르면 나만의 필터가 생성됩니다.

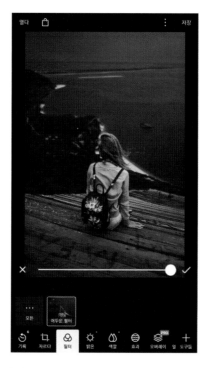

이제 필터 탭에서 내가 만든 필터를 볼 수 있습니다. 기존에 있던 필터를 다시 보고싶다면 왼쪽의 [모든] 메뉴를 누른 다음 '표준'으로 들어가면 됩니다.

Polarr로 사진 밝기 조절하기

사진의 밝기와 관련된 사항들을 조절하고 싶다면 아래쪽에서 [밝은] 탭을 클릭합니다. 안개 제거, 노출, 밝기, 대비, 하이라이트, 그림자 등을 조절할 수 있습니다. 노출, 대비 등 각종 값에 대한 설명은 Step 4의 스마트폰으로 사진 편집하기 편(47쪽)을 참고하세요.

필터를 적용할 때와 마찬가지로 사진 아래에 있는 BAR를 이용해 값을 조정해가면서 직관적으로 보정해 보세요.

아래쪽 [색깔] 탭은 사진의 색을 보정할 때 사용하는 기능으로 제가 Polarr에서 즐겨 사용하는 기능 중 하나입니다. 온도와 틴트, 생동감, 포화도 4가지 값을 조정할 수 있으며, 값을 어떻게 설정하느냐에 따라 따뜻한 느낌 또는 차가운 느낌으로, 선명하고 진한 색상 또는 연하고 흐릿한 색상 등 다양한 표현이 가능합니다.

❶ 온도 : 사진의 느낌을 좌우합니다. 왼쪽으로 갈수록 차가워지는 푸른색으로, 오른쪽으로 갈수록 따뜻한 느낌의 노란색 톤으로 바뀝니다.

❷ 틴트 : 왼쪽으로 갈수록 초록색으로, 오른쪽으로 갈수록 보라색 느낌으로 바뀝니다.

❸ 생동감 : 왼쪽으로 갈수록 사진의 색감이 연해지고 오른쪽으로 갈수록 색감이 진해집니다.

❹ 포화도 : 왼쪽으로 갈수록 사진이 흑백으로, 오른쪽으로 갈수록 사진이 진해집니다. 왼쪽 끝까지 BAR를 조절하면 흑백사진으로 만들 수 있습니다.

[효과] 탭에서는 다양한 효과를 연출할 수 있는데요. 여기에서는 사용자들이 많이 사용하는 두 가지 기능을 알아보겠습니다.

❶ 도치 : 도치는 반전이라는 의미입니다. 색상 값을 반전시킵니다. 사진에 도치를 적용하면 공포스러운 느낌의 사진을 만들어낼 수 있습니다.

❷ 술달기 : 술달기는 사진에 약간의 노이즈를 주는 기능으로 많은 분들이 즐겨 사용하는 필름 카메라 느낌을 낼 때 유용하게 쓸 수 있는 기능입니다. 술달기를 조금만 조정해주면 대단히 감각적인 사진을 만들어 낼 수 있으니 꼭 연습해보세요.

Polarr로 보정한 사진 저장하기

보정 작업이 완료되었다면 우측 상단에 있는 [저장] 버튼을 누릅니다. [저장] 버튼을 누르면 다양한 설정을 할 수 있는 창이 나오는데요. 여기에서 눈여겨 봐야할 부분은 질(퀄리티) 부분으로 선명하고 깨끗한 화질의 사진으로 저장하고 싶다면, 최소 '높은' 또는 '최고'로 설정하세요. 사진의 용량이 늘어나지만 훨씬 좋은 품질의 사진으로 저장할 수 있습니다. '중간'으로 설정하면 값이 70으로 떨어지며 화질이 안 좋게 보일 수 있습니다.

이제 아래쪽에 있는 [복사본 저장]을 누르면 앨범(갤러리)에 저장됩니다. 여기에서 복사본 저장이라는 뜻은 사진 원본에 덮어씌워 저장하는 것이 아니라 편집한 사진을 갤러리에 추가로 저장한다는 의미입니다. 즉, 원본 사진은 그대로 유지되며 보정한 사진이 새로운 사진으로 갤러리에 추가됩니다. 이렇게 해야만 실수로 원본 사진을 못 쓰게 되는 일을 방지할 수 있습니다.

Polarr로 다른 사람의 필터 가져오기

전 세계 사용자들이 제작하여 공유해둔 많은 Polarr 필터들이 있습니다. 이것들을 잘 골라내어 사용하는 것도 재미있는 사진 보정을 위한 좋은 방법입니다. 다른 사람이 공유한 필터를 어떻게 찾는지와 그것을 내 필터에 등록하는 방법에 대해 알아봅니다.

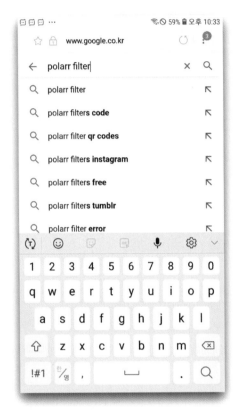 

먼저 인터넷을 이용해 구글로 접속합니다. 구글에서 'polarr filter'라고 검색하면 검색 결과가 나오는데요. 여기에서 [이미지] 탭을 눌러 이미지로 들어갑니다.

이미지 검색창에서 색감이나 사진 표현이 마음에 드는 사진을 찾습니다. 이때 반드시 사진 안에 QR코드가 있는 사진을 고릅니다(QR코드는 위 그림에서 보이는 검은색 정사각형으로 된 코드입니다).

이제 원하는 사진을 화면에 띄워둔 상태로 스마트폰의 화면을 캡처합니다.

· (화면캡처) 아이폰은 전원버튼+홈버튼을 동시에 누릅니다.
· (화면캡처) 안드로이드폰은 전원버튼+홈버튼을 동시에 꾹~ 누릅니다(또는 전원버튼과 볼륨 키를 동시에 꾹~ 누릅니다).

제 Polarr를 실행하고 아래쪽 필터 탭에서 [모든]을 클릭합니다.

내 필터 탭에서 아래쪽에 있는 가져오기 필터를 누릅니다.

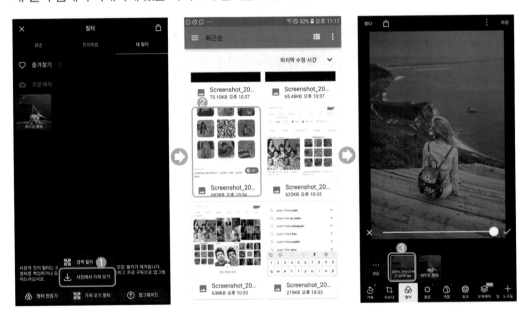

[사진에서 가져오기]를 클릭한 다음 조금 전에 캡쳐한 사진을 선택해줍니다. 그러면 자동으로 필터가 Polarr에 추가되며 해당 필터를 클릭하면 필터 적용 효과의 사진이 만들어집니다.

원리쏙쏙 IT 실전 워크북 시리즈

(대상 : 초 · 중급)

엑셀 2010

두드림 기획(이형범) 지음
A4 | 208쪽 | 12,000원

포토샵CC 2020

유윤자 지음 | A4 | 296쪽
15,000원

**전문가의 스킬을 따라
배우는 포토샵&일러스트레
이터CC 기초+활용 실습**

유윤자 지음 | A4 | 488쪽
21,000원

포토샵 CS5(한글판)

유강수 지음 | A4 | 252쪽
12,000원

한글 2010

김지은 지음 | A4 | 208쪽
12,000원

파워포인트 2010

비전IT 지음 | A4 | 216쪽
12,000원

파워포인트 2013

비전IT 지음 | A4 | 256쪽
12,000원

엑셀+파워포인트 2010

김세민, 유강수 지음 | A4
376쪽 | 18,000원

포토샵 CS6 한글판

유윤자, 우석진 지음 | A4
252쪽 | 13,000원

엑셀 2013

김수진 지음 | A4 | 216쪽
12,000원

한글 2014

김미영 지음 | A4 | 216쪽
12,000원

일러스트레이터 CS6

김성실 지음 | A4 | 240쪽
13,000원

플래시 CS6

김수진 지음 | A4 | 256쪽
13,000원

포토샵 CC

유윤자 지음 | A4 | 292쪽
15,000원

일러스트레이터 CC

유윤자 지음 | A4 | 320쪽
16,000원

Start Up 시리즈 ●●●●●●●●●● (대상 : 일반)

Start up 시리즈는 유튜브, 인스타그램, 블로그, 페이스북, 트위터 등 다양한 플랫폼을 통해 누구나 콘텐츠를 제작하여 유통할 수 있는 시대에 맞춰 고객의 니즈를 파악하여 제작한 교재입니다. 더불어 많은 수익창출로 새로운 1인 창업의 기회가 되고, 1인 크리에이터로 제대로 된 기획, 제작, 마케팅, 수익 창출을 위한 내용을 수록하였습니다.

스마트폰으로 유튜브 크리에이터 되기

저자 : 남시언
가격 : 18,000
쪽수 : 324
판형 : B5

인스타그램으로 SNS 크리에이터 되기

저자 : 남시언
가격 : 15,000
쪽수 : 228
판형 : B5

아보느의 홈페이지형 블로그 만들기

저자 : 윤호찬
가격 : 15,000
쪽수 : 260
판형 : B5